幸せは、
すぐそばに
あるから

宇佐美百合子

幻冬舎

幸せは、すぐそばにあるから

はじめに

あなたは今、幸せですか？

文句なしの幸せを「100％幸せ！」というとしたら、今どのくらい幸せでしょうか……？

それを、〝頭〟で考えるのではなく、〝胸の奥〟にたずねてみてください。

頭は、常にほかの人と比較したり、過去と比較して幸せを計ろうとするけれど、胸の奥には、今この瞬間に感じられる幸せしかないからです。

あなたにとって本当の幸せはどこにあるのか……。それを考えてみませんか。

もしかするとあなたは、はた目には、何不自由ない暮らしをして幸せそうに見えているかもしれません。

あるいは、日々苦労と努力を重ねてがんばっているように見えているかもしれません。

周囲の人の目に映るあなたはどうあれ、実際のところ、今どの程度幸せを感じて生きているかを知っているのは、あなた自身の胸の奥だけです。

私は、人生で得られるもっともすばらしいことは、胸の奥にジワーッと広がる〝幸せの実感〟なのではないかと思います。

そしてその、幸せの実感は、求めさえすればだれでも味わうことができると確信しています。

あなたも、そんな実感を得たいとは思いませんか?

もしそう思うならば、自分の胸の奥にいつたずねても、「100%幸せ!」といえるようになりましょうよ。

100%幸せになるための〝奇跡〟を、あなたはいつでも起こせるのですから。

実は、「幸せは、こんなすぐそばにあった」と私自身が気づいたとき、「これは奇跡だ!」と思ったんです。

なぜなら、幸せのありかがわかっただけで、それまで見ていた景色が一変してしまったから。

目に映るすべてのものが明るく輝いて見え、自分も同じように輝いていると感じました。こんなふうに、ともに輝きながらいられる日常こそ、奇跡だと感じたのです。

そして、人間が、苦楽を含めたあらゆる感情をしたがえて生きていくことのすばらしさと、幸せというものの奥深さに、心から感動しました。

だれだって、生きていれば悲しい目に遭うこともたびたびあると思います。でも、一番悲しいことは、幸せに生きようとする胸の炎が消えてしまうことではないでしょうか。

あなたの人生は、あなたがあきらめた時点で、それだけのものになってしまうのです。

でも、あきらめなければ、可能性は無限に広がります。毎日、まだ体験していないことに出会って、どんどん味わい深い人生になっていくでしょう。

そうなることを絶対にあきらめないで。

あなたも文句なしの幸せに出会う奇跡を起こしましょう！

この本を、ぜひそのきっかけにしてください。

幸せは、あなたのすぐそばにあります。

信じられないほど近くに……。

あなたはきっと見つけますよ。

宇佐美 百合子

幸せは、すぐそばにあるから　目次

どれだけ涙をこぼしてもいい
でも、ぜったいに
泣き言はいわない

そう誓った日から

すっかり泣き虫になったけれど
少し、強くなれたよ

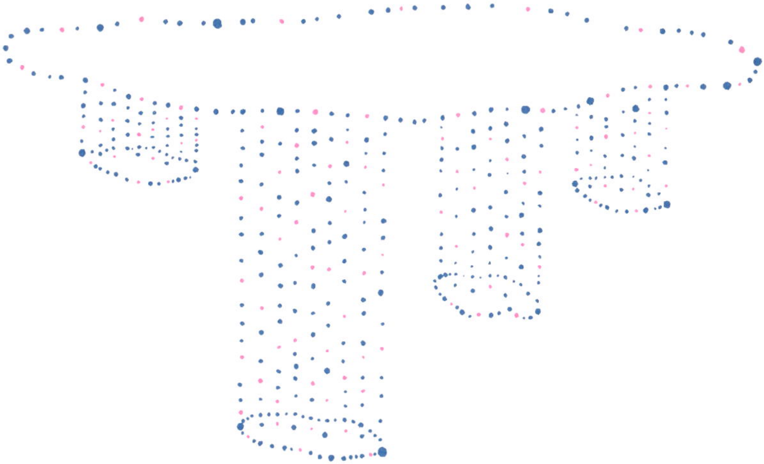

涙で心の傷を洗い流せば

踏んばれるってわかったから

涙は味方

生きるということは、泣きたくなるような体験をいっぱい積み重ねていくことだと思います。あなたがたびたび泣き出したい気持ちを抑えつけることがあるとしたら、それはどんな理由からでしょうか？

そのときの心のようすを思い出してみてください。自分で涙を閉じ込めてしまう理由を見つけましょう。その原因を解消すれば、心はもっと自由になりますよ。

泣き出したい気持ちを抑えつけてしまう理由は、主にふたつ考えられます。

ひとつは、他人と心の中で戦う場合。

「こんなことで泣くもんか。しゃくだから絶対に泣かない！」と歯を食いしばって涙をこらえてしまう人、いませんか？　その人は〝自分が泣いたら負け〟と思って、泣きたい気持ちにさせた人に対抗してしまうんですね。

もしもあなたがそのひとりだとしたら、〝泣いたら負け〟という考えは間違っていますよ。実際は〝泣くが勝ち〟です。

涙が自然にあふれてくるときは、涙を流すことが心身に必要なとき。それは〝自分を締めつけているもの〟を涙と一緒に外に逃がしたほうがいいという、あなたの内側からのサインです。

自分を締めつけているものは、怒りや悲しみといった重苦しい感情やストレスホルモン。涙はそれらをくるみ込んで、泣くことで外へ逃がします。だから、泣きたいときは大泣きするほうがいい。本当は、メソメソ泣くより、布団をかぶってワンワン泣くほうがずっと自分にやさしいんですよ。

もうひとつは、自分と心の中で戦う場合。

「泣くのは自分が弱いから。泣いちゃダメ！」と、泣きたい気持ちをガマンします。これは、物心ついてからそういい聞かされてきた人に多く、私もそのひとりでした。

「泣いてはいけない。泣くのはみっともない」と思い込んで育ったので、人前ではまず泣きませんでした。正直いうと、泣かないというより、泣けなくなってしまったんです。

怒りや悲しみを逃がす〝泣く〟という手段を自分に許さないと、知らないうちに心に溜《た》まって、いつか吹き出します。私は怒りが爆発して相手が引くほど泣き叫んだことがあります。そうでもしなければ、心がパンクしてしまいそうでした。

そんなことがあってから、泣いてはいけないという誤った考えを解こうと、何度も自分にいい聞かせました。「弱いから泣くわけじゃない。自分を受け止める強さがあるから泣く。好きなだけ泣いていいんだ！」

あなたが泣き出したい気持ちになったときは、思い切り泣いてくださいね。ただし、〝泣き言〟だけは絶対にいわないと自分に約束しましょう。

泣き言は、どんなに並べても何も解決しないぼやきです。ぼやき続けることは、いやな感情を〝心〟という鍋に入れてグツグツ煮詰めるようなもの。

いやな感情を煮詰めるとどうなると思いますか？　スープと同じように濃くなって、さらに強烈な臭いを放つ〝うらみつらみ〟という感情が生まれます。そんな強烈な臭いが充満する心で前向きな気持ちになろうとしても、むずかしいに決まっています。

また泣き言は、それを聞かされる側にとっても、元気を吸い取られるのでたまったものではありません。結局、いつもぼやいている人のまわりには、ぼやきたい人しか集まらなくなってしまうのです。

泣き言は心を弱らせるもと。私はもう絶対にぼやきたくないと思って『ぼやきをシャットアウトする方法』を編み出しました。

ぼやきが飛び出したら、ただちに「やめ！」と制します。それで収まれば問題ありませんが、しつこいぼやきには丁寧に耳を傾けて、ひとつひとつ前向きな言葉に置き換えていきましょう。

たとえば、「どうしてこんなことになっちゃったんだろう」とぼやきはじめたら「もう起きちゃったんだから仕方ないよ」、「どうして私ばっかり」とぼやきはじめたら「自分の力で乗り越えられるから起きたんだよ」というように。

するとじきに心が順応して、そういう思考回路が生まれます。そうなったら、ひと言ですむようになりますよ。

「人生には、乗り越えられないことは起こらない！」

私が手を焼いたもうひとつのぼやきは、「そんなのムリ、できっこない」。あなたもつい、口にしてしまうことがありませんか？

最初は「わかる、こわいんでしょ。でもやってみなくちゃわからないよ」とやさしく励ましましょう。でも、これも慣れてきたらひと言でＯＫ。

「結果よりも、やってみることに価値がある！」

あなたがぼやいてしまうときは、だれかに勇気づけてほしいとき。その気持ちをそっと受け止めて、元気になれそうな言葉をたくさん心に送り届けてください。

もし涙がこみあげてきたら、ただただ泣きましょう。涙は心の痛みを洗い流してくれる浄化剤。泣き切ったあとは、きっと前向きなあなたになっていますよ。

どんな理由で泣いても、人間らしい感情があふれて水滴になったものが涙。あなたの涙は、いつもあなたの味方だということを忘れないでくださいね。

素直になれたらかわいいのに
よけいな意地をはってしまう

素直になって悪いことはひとつもないのに
かたくなな態度をとってしまう

もっとかわいい自分になりたいな
今の2倍、素直になりたいな

だけど……
なかなか素直になれない

だったら

今の２倍、正直になろう！

自分の気持ちに

ぜったい嘘をつかないでいよう！

心のダイヤモンド

「正直者はバカを見る」という人がいますが、私はそうは思いません。むしろ「正直者は神々《こうごう》しい」と思います。

〝正直〟は〝心のダイヤモンド〟、人間を内側から輝かせる宝石なんです。私たちは全員、この宝石を持って生まれてきました。その証拠に、自分を偽る赤ちゃんはひとりもいないでしょう？

それは〝素直〟も同じ。私たちは全員、素直に生まれて、素直さを生涯うちに秘めて生きていきます。ただ、心が傷を負うと、天真爛漫に振舞うのをためらってしまうだけなんです。

あなたが「自分はあんまり素直じゃないな」と感じても、そんな自分を嫌わないで。そこには、素直になりたくてもなれない理由があるのだから。その理由を汲《く》み取ることが、素直な自分を復活させる近道です。

あなたは以前、素直に吐露した感情を人から無視されたり、からかわれた経験がありませんか？　もしかしたら、それで心が深く傷ついているのかもしれませんよ。

素直な自分を受け止めてもらえないと、心はショックを受けて「二度とあんな思いはしたくない」と思います。そして次からは、ありのままの自分とはかけ離れた態度をとることがあるんです。

その態度は、はた目には〝意地っ張り〟〝あまのじゃく〟〝ひねくれもの〟と映るかもしれないけれど、実は悲しい防衛心の現われ。素直な自分を封印して、ほしいのに「いらない」といったり、やさしくされたいのに「ほっといて」といっているのです。

素直になれない背景には、このような悲しい経験と複雑な感情があるのだから、素直になれない自分を責めることはありません。

一度、素直じゃない自分のことは忘れませんか。その代わり、とことん正直になりましょう！

正直の反対は〝嘘つき〟と単純明快。「嘘をつかない」というシンプルなことを実践していったら、あなたはきっと素直さを取り戻すことができるから。

目指すは〝バカ正直〟です。少しくらいの嘘ならいいだろうという考えは完全に捨ててください。改めて「自分に嘘をつかない。人にも嘘をつかない。それを何がなんでも貫く！」と心に誓いましょう。

自分に嘘をつかないということは、自分の気持ちをごまかさない。自分の本音にしっかり耳を傾けて、それを表わす勇気を持つということ。

どんな表わし方をするかはあなたしだいですが、あなたの本音を聞く人の気持ちにも配慮してくださいね。

例をあげましょう。

話題の映画が公開されたのであなたが友人を誘ったら、「もう観ちゃった。おもしろかったからまた付き合ってもいいよ」という返事。あなたはどうして自分を誘ってくれなかったのかとがっかりです。

さて、友人にどんな返答をしますか？

「別にもういい」というのは正直ではありませんよね。本当は観たいのだから「よかった、ありがとう」か、がっかりしたのだから「誘ってくれなかったことがショック」というのが正直だと思います。「誘ってくれないなんてひどい！」は非難になるので気をつけましょう。

あなたが正直な気持ちを押し殺しても、何か隠していることは、気配として相手に伝わるもの。逆に、嘘偽りのない気持ちをちゃんと話せば、相手はその場でフォローできるので、きっと温かな触れ合いが生まれるでしょう。

ただし、本音を伝えるときは、聞く人の身になって言葉を選ぶことが大事です。それが、本音を好意的に受け止めてもらえるか、毒舌になって相手を傷つけてしまうかの分かれ道になるから。

あなたの中には、心ない言葉で相手を傷つけたくないという正直な気持ちもあるはず。それを大切にしましょう。相手にとってうれしくないことを伝えるときは、「申しわけないけど」とか

「気分を害さないでね」といった言葉を添えるだけでも印象がやわらぎますよ。

もうひとつ大事なことは、あなたが正直でいるなら、そこから先は〝相手の問題〟と割り切って考えること。自分が発した言葉をどのように解釈して、どんな態度を取るかは、相手の自由。そう割り切っていないと、本音をいうたびに相手の顔色をうかがってビクビクしてしまいます。

人に合わせて自分をごまかすより、バカ正直な自分でいるほうが、結果はうまくいく。これは私の実感です。

あなたは、だれかに偽りの気持ちで接されたら、どう思いますか？　多少いやなことでも、正直にいってくれたことを聞いたら、どう感じますか？

まわりの人たちに「あなたは嘘をつかない。信じられる」と思われることは、人としてかけがえのない財産です。その意味でも、正直は心の宝石、ダイヤモンドなのです。

あなたのダイヤモンドに磨きをかけて、うんと光らせてください。もう、背伸びしたり、相手を警戒する必要はありません。ただイエスと思ったらイエス、ノーと思ったらノーといいましょう。そして、人の本音にも耳を傾けることを忘れないで。

それが〝素直〟ということです。

うんと幼いころ
毎晩のように空を飛んだ
わたしの大好きな夢だった

でも

人間は空を飛べないと知った日から
その夢はとだえた
わたしは空を飛べなくなった

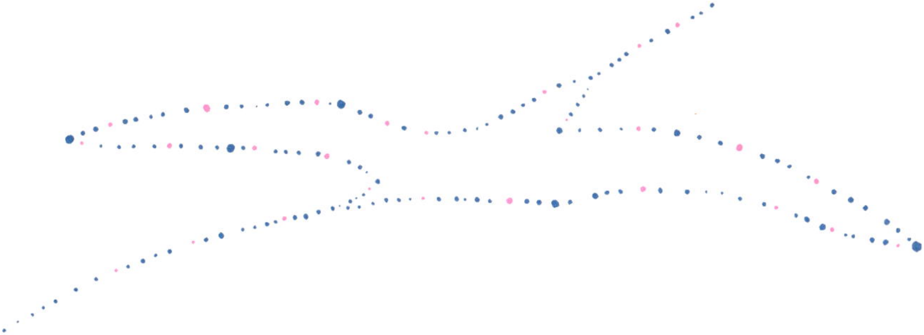

おとなになって
優雅に大空を舞う鳥を見ると
あこがれがよみがえる

わたしのロマンを乗せて
飛べ！
鳥よ、自由に飛べ！

〝あこがれ〟の秘密

まず、この質問に直感で答えてください。

「人間以外の生きもので、何になってみたいと思いますか。その理由もあげてください」

これは心理テストのひとつ。あなたの答えは何でしたか？ちょっとメモしておきましょう。

このテストの魅力は、自分があげた理由をひっくり返してみると、今抱えている不満が浮き彫りになって、そこから理想の生き方を導き出せることです。

この質問に「イルカ」と答えた女性がいました。理由は「スピリチュアルな生きものだから」。

自分は賢くないしひらめきもわかないと訴える彼女は、精神性が高いといわれるイルカにあこがれたようです。理想をたずねると「叡智にあふれて、ひらめきにしたがって生きること」と答えました。

実は、理想として掲げた内容は、その人の得意なことで、本当はその人がもっともしたいことなんですね。その能力を持ちながら生かし切れずにいるから息苦しいのです。

彼女にいいました。「根拠のないひらめきよりも、理屈に頼ろうとするところがあるでしょう？　これからは理屈で判断する前に直感にたずねるようにしてみて。きっと本来のあなたが活躍しはじめますよ」

ほかには、「猫」と答えた人がふたりいました。

そのひとりがあげた理由は「気ままな行動を許される点がうらやましい」。

この人は、型にはまったことが嫌いなんですね。常識を超えた発想を求められる仕事に向いているのかもしれません。

もうひとりの理由は「人間からこんなに愛されてる猫がうらやましい」。

こちらは、ちょっと愛欠乏症に陥っているようです。自分には愛される価値が十分あることを自覚して、ほかの人の面倒を見る仕事に携わると〝やりがい〟を実感できるかもしれません。

さて私はというと、幼いときからあこがれていた生きものは「空を飛ぶ鳥」、鳥は自由の象徴です。

子ども時代、親が押しつける常識や学校でのキマリが窮屈で、「卒業したら好きなことをして自由に生きる！」と強く思っていました。

それで卒業すると、「自分の将来は自分で決める。何が待ち受けていても自分の責任で生きる」と決意して、惹《ひ》かれる世界に次から次へと飛び込んでいったんです。私は自由に飛べる心の翼をどうしても失いたくなかった。どんなにつらくても、好きに生きることをあきらめたくなかったんです。そして試行錯誤をくり返し、ついに天職と感じられる仕事に就くことができました。

あなたも、心からうらやましいと感じる生きものを通して、どうすれば一度しかない人生を幸せに送ることができるか、探ってみませんか。

あこがれの対象は人間でもかまいません。どんな人のどんなところにたまらなく惹かれますか？　大切なのは、あなたが胸に秘めたあこがれの強さ。その情熱こそが、理想的な人生を切り開く鍵になるから。

近年、若い女性たちが熱いまなざしを注いでいるのは、モデルのようなファッションリーダーや女性実業家のようですね。今輝いている女性たちに共通する魅力を考えてみましょう。

容姿、ポスト、仕事への姿勢は、表面に現われている魅力ですが、それを支えている内面の魅力が必ずあるはず。たとえば、物事をあきらめない、陰の努力を見せない、最高の自分を演出できる、たえず次の夢を追いかけている、生きるスケールが大きい……などなど。

それを思い浮かべたとき、「私もあんなふうになりたい！」と強く感じることは、あなたの中で眠ったまま出番を待っている、あなた自身の能力。あこがれの対象に認めた輝きは、あなた自身が秘め持っている輝きなんです。それが何かをしっかり見定めてください。

それがわかったら、あなたも、同じものを自分の内面から引き出しましょう。それを引き出し、生かすことのできる格好の世界を考えるのです。

そして、人生をかけて自分が進みたい方向がはっきりしたら、することはひとつですよ。

〝志〟を掲げる。志は、目標を達成しようとする強い意志。それが情熱をかきたてるのです。

もう一度いいます。最初に、〝あこがれ〟を具体的な目標に変える。それを〝志〟として掲げれば、エンジンが全開になって、必ず何らかの〝行動〟を起こすでしょう。

「あこがれ＋志＝行動」

これがそろったとき、あなたの中に難関を突破する力が生まれるんですね。その力が「今さら……」「やっぱり……」と足を引っ張る気持ちを吹き飛ばしてくれるでしょう。

不完全燃焼の人生を生きるのはつまらないと思いませんか。だったら、自分を信じて、未知の能力を開花させるチャンスを、あなたが自分に与えましょう。

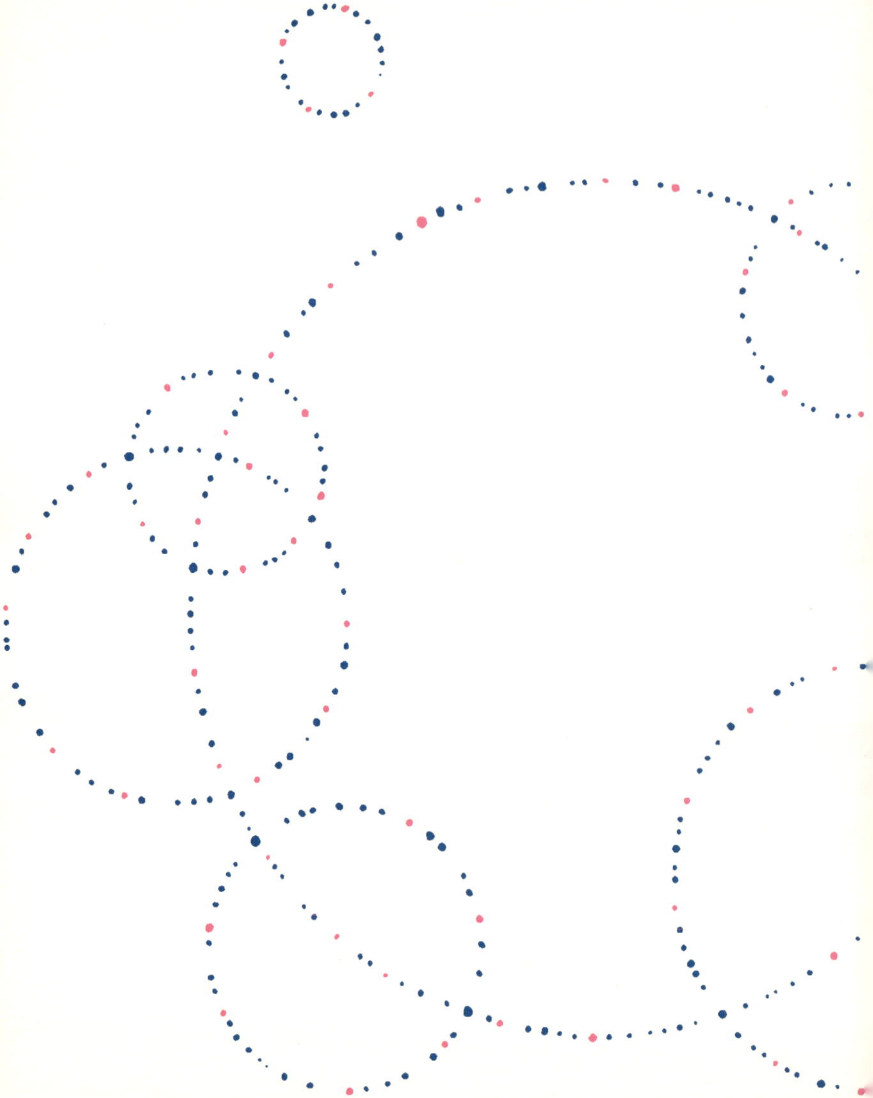

クヨクヨ考えすぎてしまう自分
がんばっても力を出せない自分
人の意見に流されてばかりの自分
気を遣っても好かれない自分

そんな自分も、それはそれ

そんな自分でもいいじゃない

もう、ぜーんぶ
あるがままでいいじゃない！

100倍愉快な人生

あなたは今、自分が置かれている環境に不満を感じますか？もしイエスなら、それはどんな不満でしょうか？

もしかしたら、不満を感じながら今の環境に甘んじている自分にも、不満がありませんか？

環境とは、自分のまわりにいる人や物事のことです。それを否定することは、実は、自分自身を否定するのと同じなんですね。自分を否定すれば、苦しくなるのは当然です。

私は、そのことを理解するのにずいぶん遠まわりしてしまいました。あなたにはぜひ近まわりをして、今ある不満を解消してほしいと思います。

一般に、私を含む多くの人は、環境に不満を感じると、「まわりが変わってくれたらどんなに助かることか」と思ってしまうものなんですね。でも、そんなふうに思っているあいだは、自力で不満を解消できなくて、まわりの陰口をいうのが関の山になりかねません。

あなたが環境をよくしたいと思ったら、まわりを変えようとするより、自分を変えるほうがずっと早いんです。人の心の中は勝手に触れないけれど、自分の心の中なら自由に触れるから。

私が「不満を解消する一番の近まわり」と思った方法をお伝えしましょう。

それは、自分自身を『大肯定』すること。

〝大〟とつけたのは、いつでも、丸ごと、例外なく肯定するから。

「えーっ、いやな自分もいるからそんなのムリ」と思いますか？

ここでいう大肯定は、「いつも正しい」という意味ではありません。「否定しないですべてを受け入れる」という意味です。

いやな自分が顔を出すのは、そこに、いやな反応をしないではいられない理由があるからなんですね。その理由を汲み取って、いやな自分をいっさい否定しないことが大事です。いい悪いから離れて、「それはそれ」として丸ごとＯＫするんです。

たとえば、クヨクヨしがちな自分には、心配でたまらない気持ちを汲み取って「慎重ってことなんだから、それはそれ」と受け入れましょう。また、がんばっても力を出せない自分には、経験を積んでいる最中と考えて「力を温存してるってことなんだから、それはそれ」と認めましょう。

私は、仕事でミスをした自分を許せなくてひどく落ち込んだことがあります。何日もうつうつとしていましたが、ハタと気づいたんです。

「ミスはもうしてしまった。今、自分が受け入れるべきなのは、ミスを許せなくて苦しんでいる自分自身なんだ」と。それからは

「いい経験だったね。これは決してむだにならないから大丈夫！」と自分にいい続けました。そうしたら、思ったよりずっと早く立ち直ることができたんです。

あなたがどんなにつらい思いをしても、自分のことをふがいないと感じても、それを体験した自分を大肯定する力を身につけましょう。特に、苦汁をなめたときは、大肯定をマスターする絶好の機会ですよ。

だれの人生にも、大肯定をマスターする機会は山のようにあります。たとえば、自分のまわりに嫌いな人がいる、それだけで十分だからです。これを例に、大肯定のヒントをお伝えしましょう。

あなたのまわりにどうしても好きになれない人がいるとします。正直いって、口もききたくないくらい嫌いな人。それほど嫌いな人を好きになろうとしてもムリな話ですよね。

まずは、自分がその人を嫌う理由を認め、ありのままの自分を受け入れてＯＫを出します。

重要なのはその次。嫌いな人がありのままでいることも否定しない。それはそれとして、その人の存在にもＯＫを出すんです。その人と出会ったことにも何か意味があるはずと考えて、その人を自分の人生に受け入れましょう。それが大肯定です。

それをしたからって態度は何も変わらないと思うかもしれませんが、あなたの心の中のモードが変わります。すると何が起こると思いますか？

あなたの放つものが変わるんです。その波動は、目には見えなくても波紋のように広がって、その人とのあいだにあるギスギスした空気を変えます。

人間関係は「自分が嫌えば相手も嫌い、自分が好感を持てば相手も好感を持つ」といわれるように、ふたりのあいだにある空気が変われば、お互いの印象も変わるものなんです。

こうやってどんな人のことも肯定できるようになると、自分のまわりから〝苦〟になる人が減っていきます。〝気〟にはなっても、もう〝苦〟にはならなくなるんですね。

それは物事も同じ。あるがままでいいと認めるだけで、あなたがまわりの物事に関して欲求不満に陥ったり、投げやりになることが減るでしょう。

それだけではありません。さらにうれしいことが起こりますよ。貴重な気力や体力を、いやな人や物事から逃れるためでなく、自分が心からしたいと思うことに使えるようになる。楽しいことを考えて、それを叶えられるようになるのです。

自分と、自分の置かれた環境を大肯定して、今より100倍愉快に生きていきましょう！

まわりを見て
自分にないものばかり気にすると
疲れるよ

自分を幸せにするものは
ちゃんと持って生まれているから
心配しないで

それを
毎日、せっせと磨こう

きのうの自分より今日の自分が
すこうし、キラキラするように

あしたの自分は
もうすこうし、キラキラするように

いつでも今日の自分が最高！

私は自分を好きになれなくて苦しんでいたとき、容姿や性格や才能に、山のような不満を抱えていました。いつも人と比べては悩み、人をうらやんでいたんです。

でも、「これじゃいつまでたっても幸せになれない」と思って、まるっと考え方を変えました。「本当のライバルは、他人ではなく、人をうらやんでばかりいるこの自分。この自分が少しでも成長すれば、その分、きっと自分を好きになれるはず。毎日ほんの少しでもマシな自分になっていこう！」って。

それからは、自分の器を大きくすることに燃えたんですね。すると、日を追うごとに自分の成長ぶりを実感できて、うれしくなりました。また、一生懸命がんばる自分を認められるようになったら、前ほど人のことが気にならなくなったんです。

このとき私が実行した〝器を大きくする3つのコツ〟をお伝えしましょう。

1つ目は、きのうの自分より、今日の自分が素敵になったと思えることを何か見つけてほめる。

たとえば、「きのうより笑顔が増えたね」「今日は本当に前向きだったね」「やっと自分を責めなくなったね」……こんな調子で、どんな些細《ささい》なことでもかまわないから素敵になった部分に共感するんです。そして、悪いところは反省して、反省したことをまたほめます。

毎日、何か自分がしたことを認めてほめていくと、それなりに自信が芽生えてきて、自分を見る目が変わります。容姿や才能などの持って生まれたものは何も変わらなくても、自分のことをもっと楽観的にとらえられるようになるんですね。

すると、人を見る目も同じように変わるので、物事全般の見方が楽観的になって、心がずいぶん軽くなりますよ。

２つ目は、ひとつでもふたつでも、握りしめている執着を手放す。

たとえば、失恋したとき、相手に執着しているあいだは未練に心を縛られて苦しみます。同じように、才能も、自分にないものや過去の栄光に執着しているあいだは、今の自分を認められなくて苦しみます。

余計な苦しみを背負い込まないためには、自分の手元にないものには執着しないことに尽きるんです。そして何より、今ここにいる等身大の自分を容認することが重要です。

例として、以前はうまくできた仕事が、今日はどうしてもうまくいかなかった場合を考えてみましょう。

そんなときは自分を責めて落ち込みやすくなるもの。そうなるのは、無意識に、過去の快感に執着するためなんですね。その快感を再現できなかったことが腹立たしくてくやしいのです。

もしあなたが、うまくいかないことがあって落ち込んだら、「過去の成功と比べてない？」「過去の快感を引きずってない？」と心の中を調べてみてください。そして、心に巣食っている執着を見つけたらその場で手放しましょう。

執着を捨てると、気分がとてもすっきりします。もう一度やり直すにしても、見送るにしても、ずっと爽快に動けますよ。

そのときあなたは「余計な執着にとらわれない自分って、いさぎよくていいな。ちょっと成長したかも」と、きっと悦に入るでしょう。

３つ目は、笑顔でいる時間を、１分でも２分でも増やす。

「もっとも好きな表情は？」というアンケート調査をすると、いつでも笑顔が飛びぬけて一番になるそうです。笑顔はだれにとっても最高の表情なんですね。

それだけではありません。〝笑い〟が心身にいい影響を及ぼすことは、科学的にも証明されています。たとえ、それが〝作り笑い〟であっても。

あなたがニコッと笑うと、脳は「愉快なんだ。では笑顔用のホルモン放出！」とありがたい勘違いをしてくれるんです。そして心身を活性化する物質を出します。

　試しに、自分がイライラしているとき、鏡に向かって満面の笑みを浮かべてみてください。人間は笑いながら怒ることはできませんから、自分の笑顔を眺めているうちに、もうそれ以上怒れなくなるでしょう。

「楽しいから笑う」のではなく、「笑うから楽しくなる」のです。特におもしろいことがなくても、１分でも２分でも長く笑顔で過ごすようにしませんか。そうすれば、あなたの微笑《ほほえ》みを受けたまわりの人たちも和ませることができるから。笑顔の時間を増やすことは、それくらい素敵なことなんです。

「このごろいつもニコニコしてるね」と人からいわれるようになったらすばらしい。それは、あなたが微笑みを絶やさない、器の大きな自分になった証拠です。

　さっそく、「いつでも今日の自分が最高！」といえるような生き方をはじめましょう。

　器を大きくする３つのコツは、やってみるだけでなく、続けることが大事なんです。ひとつでも続ければそれなりの効果はありますが、全部まとめて実行すれば効果絶大！

　自分が成長するにつれて、今、手元にある幸せの価値を肌で感じられるようになって、そこまでがんばった自分をたまらなく好きになりますよ。

みんな自分のことがかわいいから
ちょっとしたことでも心配する
心配しすぎてイライラする……

みんな自分のことばかり気にして
だれよりも自分を
気にかけてほしいと願っている

そんな気持ちをわかってあげよう

まわりの人をちょっと優先して
「お先にどうぞ」とゆずってみる
「だいじょうぶ？」と声をかけてみる

うれしそうな微笑みを見て
きっと、あなたのほうがうれしくなるよ

愛のありか

集合写真を見たとき、最初に自分を探さない人はいないといわれますが、あなたはどうですか？

私たちは自分のことをだれよりも心配し、何でもすぐ自分に結びつけて、朝から晩まで自分のことを気にして過ごす……そんな生きもののようですね。

世の中には、自分のことを忘れ、純粋に他人のことばかり考えて動く人もいると思いますが、それはエゴを超越した人なのかもしれません。

エゴを超えるということは、自己中心的な考え方をやめるということ。やめたからといって損するわけではありませんよ。逆に、損得にとらわれないスケールの大きな自分になれるんです。

私は自己チュウな自分がいやで、「どうしてもっと心の広い人間になれないの！」と自分を責めてばかりいました。無知ゆえに自分を責めるしかなかったのですが、最大のあやまちは、エゴを悪者と決めつけたことです。

自分のエゴを憎悪すれば、人のエゴにも腹が立ちます。これでは人間関係がうまくいくはずがありません。そこで、何としてもエゴの正体を見極めて扱い方を覚えようと思ったのです。

最初に、あなたのエゴも、私のエゴも、悪者ではありません。そのことから説明しましょう。

エゴの役目は、いかにして利益を増やすか。ようは、自分にとって都合のいいことや得することを、貪欲に考え続けることがエゴの仕事なんです。だから、いい思いをしてもすぐ「もっと、もっと」というし、何かしようとすると「損しない？」「信じていいの？」と疑います。

エゴは、いつも物事を悲観的に見て、まわりの人々を遠ざけ、その考え方がいかにも正しいようにささやきます。しかしその考え方は、短期的にはうまくいったとしても、長期的にはけしてうまくいかない、つまり幸せにはなれない方向なんです。

だからといって、エゴは悪者ではなく、主人の利益を守ることになりふりかまわないだけ。そのお陰であなたは危険を回避し、今日まで無事に生き延びてこられたということもできます。でも、もうエゴに振りまわされたくない、まわりから孤立したくない、不安にかき乱されたくないと思うなら、先に進みましょう。

エゴは、生きている限りなくならないあなたの一部ですが、取り合わなければ〝超える〟のと同じ。エゴには静かに眠っていてもらいましょう。その時間が長くなればなるほど、あなたが悩みわずらう時間が減ります。

では、どうすればエゴを眠らせることができるのでしょうか。

いい方法があります。

完全にエゴに取り込まれる前に考えをやめるんです。

「今、すごく自己チュウになってる」と気づいたら、「シーッ！」と声に出していってみて。ジェスチャーを加え、人差し指を唇に当てて「シーッ！」というとさらに効果的です。

すると一瞬、心が空白になって、自己チュウな考えが中断されるはず。そのあいだに人のことを優先して考えましょう。

ふたたびエゴが起きて反論してきたら、また「シーッ！」といって中断し続ければ、そのうちエゴは根負けして引き下がるでしょう。

それでダメなら、次の手があります。

エゴが何か訴えてきたら、そっぽを向いたり制したりせず、「わかった、よくわかった」と認めるんです。エゴは主人に認められるとおとなしくなるので、それを利用して寝かしつけましょう。

私のエゴは「自分ばかり損してない？」とよく訴えてきます。そんな考えに振り回されると、クヨクヨしはじめて心はずっと波立ったまま。それを何とかやめたいと四苦八苦して、ようやくエゴを寝かしつけるキーワードを見つけました。

それは「大丈夫！」。

エゴが何かいってきたら「大丈夫、大丈夫！」と力強くいい返します。そうやって自己チュウな考えを棚上げしておいて、人にやさしい考えのほうを貫くんです。

さらにもうひと言。「エゴに取り込まれず、良心にしたがって行動できることを神様に感謝します」というと、心の波が治まり、迷わず動けるようになりますよ。

心は何層にもなっていて、エゴは主人を守ろうとして表層に陣取っています。しかしその奥には、ほかの人のことを優先的に考える良心と愛があるのです。

つまり、エゴは〝表面のあなた〟。それさえ眠らせておけば、自然に良心の声が聞こえて、心には愛が満ちあふれるでしょう。それが〝本来のあなた〟です。

でも、あなたがエゴに振りまわされて葛藤《かつとう》した体験は、けしてむだではありません。私たちの心の構造はみんな同じなので、人のことを理解する上で大いに役立つからです。

たとえ、「あんな態度を取るなんて気が知れない」と感じた人のことでも、「もしも自分がその人と同じ環境で育ち、同じような価値観を持ったとしたら、ああいう態度を取るかもしれない」と想像してみることは、やさしさであり、歩み寄りだと思います。

それが本来のあなた。そんなやさしさに満ちた自分を、まっ先に出せるようになりましょう。

やったことがないから、やれない?
はじめてだから、こわい?

それはちがうよ

やったことがないことは
まだできた喜びを知らないだけ

だいじょうぶ

とにかく一度
やってみようよ

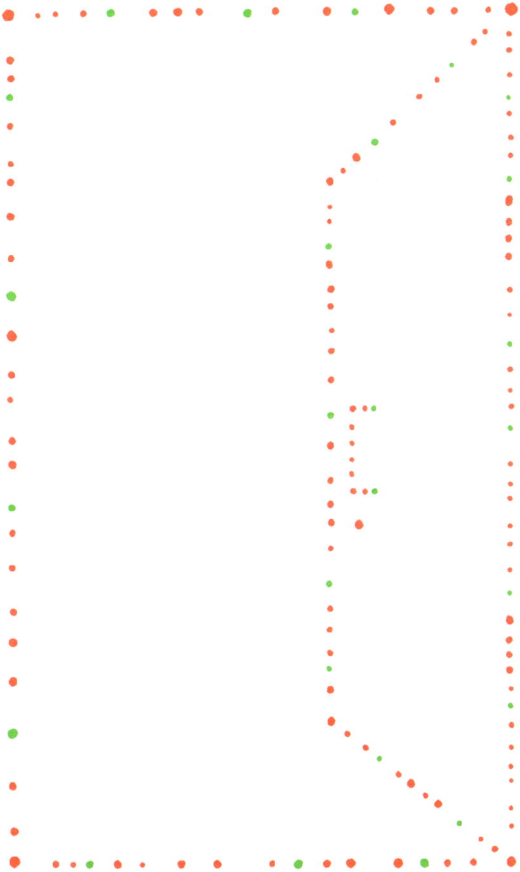

未知の扉

好奇心が旺盛だと、いろんなことに興味を持って何でもやってみようとします。それは人生を楽しく生きることが上手な人。

たとえやってみたことが全部うまくいかなくても、その中から自分に向くことを発見でき、その物事を掘り下げていけば生きがいを見つけられるからです。

それはまさに、「あのときどうしてやっておかなかったんだろう……」という悔いを残さない生き方です。

あなたには、どうしてやっておかなかったのかと心残りな物事がありますか？　それを今からはじめることはできませんか？

「うーん」と返事に窮したら、踏み込めないわけを自分の胸に聞いてみて。もしかすると「今さら失敗してみじめな気分を味わいたくない」という気持ちが潜んでいるかもしれません。

みじめな気分を味わったことなら、みんなあるはず。私たちは子どものときから、成績で負けた、徒競走で負けた、歌のうまさで負けたと、みじめになる場面には事欠かなかったから。

そんな体験をくり返すうちに心に根づいたものが、好奇心ではなく、防衛心だとしたら、あなたは少し人生に消極的になっているかもしれませんね。

その防衛心を、好奇心に戻しましょう！

戻すといったのは、あなたはもともと好奇心旺盛な人だから。もとの自分に戻ればいいんですよ。

幼子を見てください。何にでも興味を持って、何でも試してみたがります。試しているときは本当にイキイキして楽しそう。失敗したってめげないし、落ち込むこともありません。そして、できたときには満面の笑みを浮かべて喜びます。

ところが、少し大きくなると、人の失敗をバカにする子が現われるんですね。私たちは自分が笑われることではじめてみじめな気分を味わいます。それがたび重なると、「もういやだ、二度とバカにされたくない」と思って、いわゆる〝食べず嫌い〟に陥ってしまうことがあります。

ようは、「最初から何もしなければ失敗もしない」と考えて心の中に〝できないイメージ〟を作り上げ、「どうせできないからやらない」というようになるんです。

あなたの中に、知らないうちに作り上げた〝できないイメージ〟があったら、まずそれを払拭しましょう。

好奇心を復活させるのに不可欠なものは〝できるイメージ〟。やる前から「できないかもしれない」「失敗するかもしれない」といったマイナスイメージを抱かないことが大事です。

もし失敗したとしても、それはみじめなことでも何でもありませんよ。気がすんで納得して生きていくための通過点！　と思えばいいんです。

私は10代のとき、歌手になることを夢見て、親に内緒で音楽事務所のオーディションを受けたことがあります。そこでほかの人たちの歌声を聴き、「自分は歌手には向かない。でも、マイクの前で話すことならできるかも」と思ってアナウンサーを目指しました。

今思えば、歌手になるイメージは持てなかったけれど、語り手になるイメージは自然に持てたのでしょう。

好奇心をくすぐりましょう。あなたがいつか食べてみたいと思っている食べ物はありませんか？　ずっと行ってみたいと思っている場所はありませんか？

何か思い当たったら、それが叶うイメージを強く思い描いてください。いいイメージさえ持てれば、実行は容易。ふらっと出かけるもよし、じっくり計画を練るもよし、好奇心を満たす喜びに浸りましょう。

次は、長年会いたいと思っていた人に連絡してみませんか？

心が通い合うイメージを胸に、再会したらどんな話をしようかと思いをめぐらせてみてください。先にワクワク感を味わうことが大切で、あとはイメージ通りに行動するだけですよ。

その次は、ずっとやってみたいと思っていた趣味をはじめませんか？

まわりが今さら遅いといってもめげないでくださいね。その世界に身を置くだけで幸せな気分を味わえるのが趣味のよさ。趣味仲間は、仕事仲間とはまた違っていいものです。

そうしてさまざまな分野で好奇心を満たしたら、最後は仕事。好奇心の扉を開けたあなたは、仕事に対する意欲もフツフツとわいてくるはず。

抑えつけてきた好奇心を解き放つことは、心のびっくり箱を開けるようなものです。きっと、新鮮なアイデアがポンポン飛び出すでしょう。

私が人生で最大の好奇心を解き放ったのは、オーストラリアに渡ってマスコミのコーディネート会社を興したとき。何もかもはじめて体験することばかりでしたが、「なんとかなる！」という根拠のない自信がありました。きっと、「なんとかする！」という熱い思いが「なんとかなる」という自信に変わったのでしょう。心の中は、自分の力を試してみたい気持ちでいっぱいでした。

あなたが、今よりもっとワクワクして生きていくために、そして一度しかない人生に悔いを残さないために、好奇心の扉を全開にしましょう！

つまらない……といいながら
惰性かも……と思いながら
つづけてることって、ない？

それをやめる勇気を出して
もっと快適で喜びにあふれた
独自のライフスタイルを作ろうよ

そして

1日1回、ウキウキしよう！

1日10回以上、感動しよう！

そうすれば

人生はぜったい、おもしろくなるから

喜びの共鳴箱

もうやめたほうがいいと思いながら、やめられずにいることが何かありますか？

よく耳にするのは、タバコ、深酒、夜更かし、長電話……といった習慣でしょうか。どんなことも「これが私のライフスタイルよ！」と楽しんでやっているなら、かまわないと思います。

夜な夜なネットサーフィンに熱中して、これが楽しみという人は、そこにメリットを感じるから。たとえば、昼間のストレスを発散できる、自由を満喫できる、別世界をのぞける……など。そのメリットに比べれば、朝がつらい、美容によくない、寝不足といったデメリットには目をつむれるわけです。これなら夜更かしは、その人のお気に入りのライフスタイルといえるでしょう。

問題は、「これではいけない、流される自分がいやだ」と思いながら続けている人なんですね。

同じ夜更かしでも、やめたいと思いながらダラダラ続ければ、心から楽しめないし、意志の弱い自分が情けなくなるでしょう。

一度、あなたのライフスタイルを見直してみませんか。あなたは今のままでしごく快適ですか？　自由時間の使い方を工夫して、自分をもっと喜ばせることができないでしょうか？

習慣を見直す際のチェックポイントがあります。それは〝罪悪感〟があるかないか。もし、今のライフスタイルの中で罪悪感を覚えながらやっていることがあったら、それは心を蝕《むしば》むだけなのでやめましょう。

私は20代のとき、早起きが苦手でした。会社が休みの日はお昼近くまで寝ていました。といっても眠っているわけではなく、グズグズと罪悪感を持ちながらベッドにしがみついていたんです。

当然、心は快適ではありません。さすがに「幸せに寝ているか、さっさと起きるかしかない」と観念して、朝寝坊をやめようと決意しました。

気分よく起きるために、買い物に出かける、友だちに会うなど、朝から楽しめそうな予定をせっせと作りました。また体を喜ばせるために、好きな音楽を聴きながら時間をかけてストレッチをはじめました。

こうして朝型人間になると、そのほうがずっと爽快感があって、長年の罪悪感から解放されたんですね。どんな習慣も、いざやめるとなると勇気がいるもの。でも、幸せの鍵は、何といっても心と体が〝快適〟なことなんです。

あなたの心と体が本当に快適な習慣ならば、他人にとってはどうあれ、自分に合っていると考えてＯＫ！　逆に、不快感や罪悪感のある習慣は、心と体をジワジワと弱らせるので要注意です。

快適さを維持しながら、楽しんでできることや喜びを感じることをたくさん取り入れて、あなたならではのハッピーなライフスタイルを作り上げましょう。

お勧めは、１日10回感動すること。私がそれをはじめたきっかけは『１日10回感動すれば心は枯れない』という言葉に惹かれて。これは挑んで本当によかったと思います。

10回感動しようとすると、意識して探さなければなりません。毎日、何気なく見ていた風景の中にも、聞き流していたニュースの中にも、小さな感動はいっぱいありました。それまでは、見る側の感受性が鈍っていたせいで見逃していたんですね。

「そうか、世の中がつまらないんじゃなくて、自分がつまらない人間になっていたんだ……」と気づいてショックでしたが、以来、小さな感動を見つけることがとても楽しみになりました。

感受性を高めれば、だれでも感動上手になれます。感受性を高めるといっても、特別なことはいりません。ふだんから「感動を見逃さない」「小さなことを大事に見よう」という気持ちがあれば十分です。

ただし、ひとつ〝必要な気持ち〟があります。

それは無邪気さ。無邪気に過ごしていたら、感動のほうからあなたの前にやってきますよ。

大自然は感動の宝庫です。機会があったら、小さな花の中をのぞき込んでみて。花弁やめしべ、おしべがきれいに収まっているさまは、言葉を失うほど神秘的。きっと、胸が震えるような新鮮なおどろきがあるでしょう。

また、遠い空のかなたに意識を飛ばして、空中散歩を楽しんでみるのもいいですよ。キラキラと無数に輝く光の粒が目に飛び込んできて、何ともいえない優雅で温和な気持ちに包まれるかもしれません……。

同じものを見ても、同じことを聞いても、よりたくさん感動できれば、心は〝喜び〟に満たされます。感動は喜びの代名詞なんです。

その喜びがもたらすものが〝幸せ〟なんですね。喜びは幸せの代名詞。

『喜べば、喜びごとが喜んで、喜びつれて喜びにくる』というように、あなたが日常のちょっとしたことを喜べば、その喜びが次々と連鎖し、大共鳴してあなたのもとに返ってきます。

あなた自身が〝喜びの共鳴箱〟になりましょう。

さっそく、うっかり見逃していた小さな感動を探してみませんか。

人に待たされてイライラ……
人を待たせてオロオロ……

時間にしばられて生きていると
いつもあせってばかり

ちょっぴり心の持ち方を変えよう

人に待たされたときは
「今、自分のやさしさをあげてる」

人を待たせたときは
「今、相手のやさしさをもらってる」

そう思うだけで
ふっと、ゆとりが生まれる

そこに〝ときの神様〟がやってくるんだよ

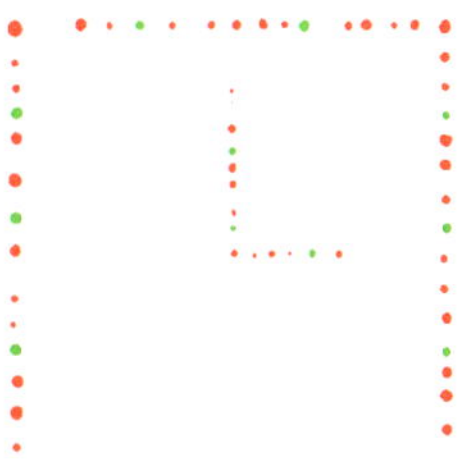

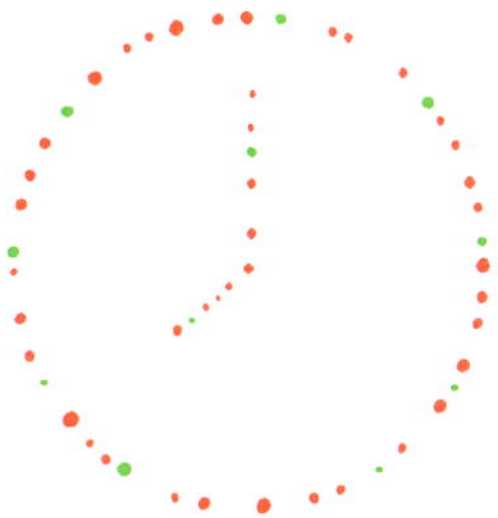

〝ときの神様〟の正体

時間って、得体の知れないものだと思いませんか？

つまらない話を聞いているときはゆっくり、おもしろい話を聞いているときはあっというまに過ぎる。「あと５分しかない」と思うか、「まだ５分ある」と思うかで伸び縮みする。

また、人でも物でも、はじめて出会った時間がものすごく濃密で、運命的なものを感じた……。そんな経験はありませんか？

私たちが、時間を長く感じたり、短く感じたり、消えたように感じるのは、ただの〝気の持ちよう〟なのでしょうか？

実は、時間の長さや濃さというものは、あなたしだいで変わるものなんです。

そういわれても、すぐには信じられないかもしれませんね。では、宇宙にはふた通りの時間が存在するといい換えましょう。それを理解すれば、あなたはすばらしい〝ときの使い手〟になれますよ。

ギリシア語には時間を表わす言葉がふたつあります。『クロノス』と『カイロス』。両方とも〝とき〟と訳されますが、内容は大きく違います。

『クロノス』は、ギリシア神話に登場する〝ときの神〟の名称で、機械で計ることのできる〝とき〟。私たちがふだん「時間」と呼んでいるのはこのクロノスです。

クロノスは、常に未来に向けて流れていて、1日は24時間、1時間は60分というように定められています。そして〝世界共通のとき〟を精密な時計が刻んでいます。

一方『カイロス』は、機械では計れない私たちの内側にある〝とき〟。こちらに注目しましょう。

カイロスは、チャンスという意味の男性神の名称で、瞬時に方向を変えたり、消えたりする宇宙的な時間。いわば、クロノスを超えた〝とき〟なんですね。

あなたもきっと体験していると思うので、例をあげましょう。

恋人と見つめ合っているときや芸術作品に心を奪われたとき、「まるで時間が消えてしまったみたい……」と感じたことはありませんか？

あるいは、神がかり的なタイミングやシンクロニシティを体験して、「なんだか別次元のときが流れているみたい……」と感じたことはありませんか？

カイロスは、あなたにちょっと不可思議な感覚をもたらすかもしれませんが、それはときめきにも似たハッピーな感覚のはず。

この神は、前髪は長いけれど後頭部に毛がないことから〝チャンスの神は前髪しかない〟ということわざが生まれました。

意味は、「チャンスの神が目の前にきたら、すぐつかまえよう。通り過ぎてからではつかめない」。あなたも、カイロスの前髪をしっかりつかんでチャンスを手に入れてくださいね。

私たちが時間の奴隷になって、クロノスに心を支配されてしまうと、カイロスがめぐってきても気がつかないかもしれません。

するると困ったことが起こります。人生で重大な決断をしなければならないときに、考えすぎてタイミングを逸したり、不本意な決断をしてしまう恐れがあるのです。

重大な決断は、結婚、離婚、転職、渡航、引越など、数多くあるでしょう。そんな人生のターニングポイントを知らせてくれるのは、いつもカイロス。あなたが飛躍するのは、そんな宇宙のタイミングと自分のバイオリズムが合致したときなんです。

そんなこととはつゆ知らず、「今は仕事が忙しい」「お金の都合もあるし」と理屈を持ち出して迷いはじめれば、そのあいだにカイロスは通り過ぎてしまうでしょう。

私が田舎暮らしをはじめたきっかけは、黒姫山をひと目見て、「この山が呼んでる！」と直感したから。それも「いつか」ではなく「できるだけ早く」と感じたからなんですね。その直感が勇気をくれて、具体的なことはあとからついてきたという感じです。

あなたも直感を信じて、「するなら今！」「ここが潮時！」「この話に乗った！」「いや、この話には乗らない！」と感じたままに動いてみませんか。理由は、「どうしてかわからないけど、強くそう感じたから」でいいんですよ。

あなたはクロノスによって社会とつながり、カイロスによって宇宙の叡智とつながっています。

しょっちゅう時計を見てクロノスを確認するように、いつも心を透明にして、カイロスを見逃さないようにしたいもの。そのためには、あせらないことが一番！　耳をすませるように心をすませて、物事を決めるときは「これでＯＫ？」と直感にたずねてみましょう。

あなたの人生の〝とき〟が熟せば、チャンスの舟が偶然を装ってあなたの岸にたどり着きます。それは一見、ラッキーとは思えないような出来事を連れてくるかもしれません。でも、あなたが「今だ！」と感じたら、迷わず舟に飛び乗って持てる力を出し切ってくださいね。

きっと数々のシンクロニシティが起こって、思いもかけない形で事態が進展しますよ。

そもそも人生は、いつだって予測不能なのです。だからこそ、カイロスを味方につけて大きな夢を叶えましょう。

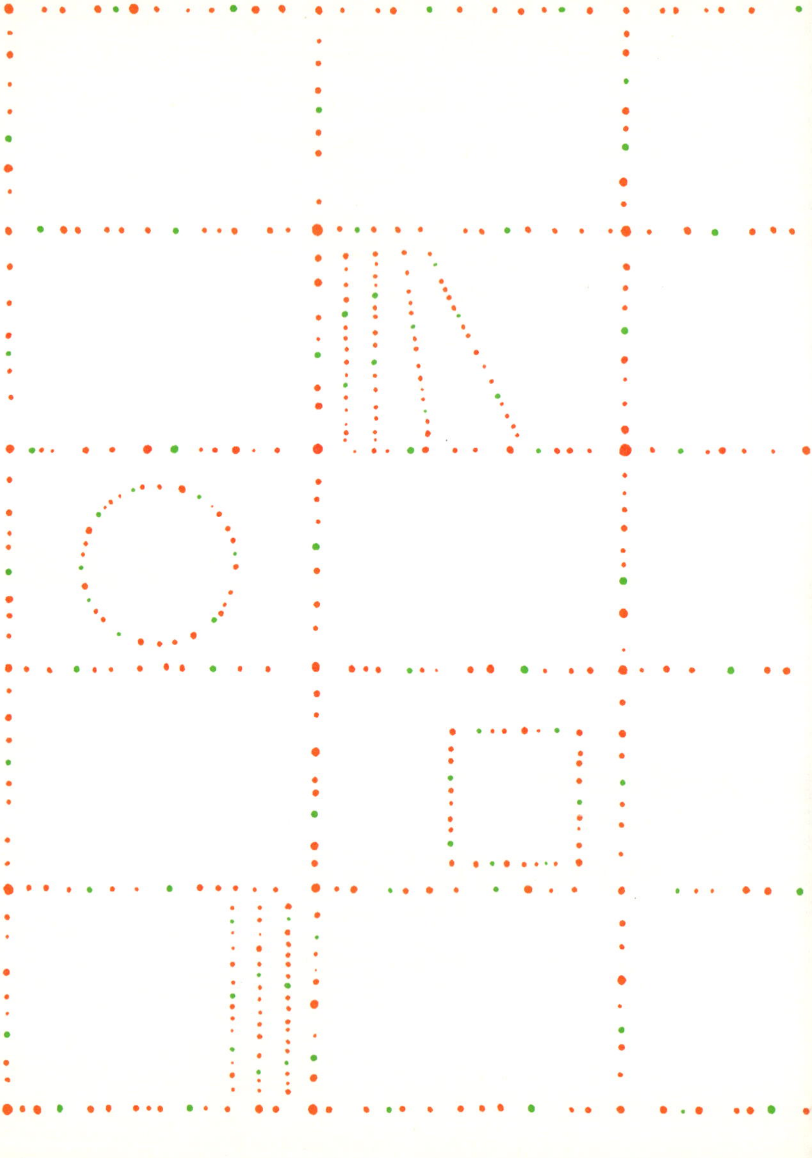

心の中を、少し整えると
自分が少し変わる

心の中を、大きく整えると
生まれ変わったような気になる

「やったー！」

自分に奇跡を起こそう！

自分の心だ
やればできるって信じよう！

〝上書き〟のマジック

人間は、ものすごいスピードで新しい細胞を作り出しては、古い細胞と置き換えて生きています。新陳代謝のスピードは１日に7000億個。全身の細胞が入れ替わるのに３カ月もかからない計算です。

私たちの機能はすばらしいですね。そうやって全細胞が入れ替わってもあなたが別人にならないのは、知らないうちに、すべての細胞が記憶を再生しているから。

これは心の世界も同じです。知らないうちに、心に刷り込まれた記憶が感情を再現しているんですね。それを〝信じ込み〟といいます。

たとえば、一度「犬はこわい」と信じ込んだ人は、犬の遠吠えを聞いただけでこわがります。しかし実際は、全部の犬がこわい存在ではないので、何かのきっかけで信じ込みがはずれれば、もうこわがらなくなり、かえって犬を好きになったりします。

この機能をうまく使えば、トラウマを解消したり、逆に、いいところをもっと伸ばすことができるのです。自分をハッピーにする信じ込みを心に上書きしましょう。

あなたは自分の性格についてどんな信じ込みがありますか？

問題は、マイナスの信じ込み。たとえば、落ち込みやすい、怒りっぽい、あきっぽい、疑いやすいなど、「自分はこんないやな性格」と思い込んでいることです。それが過去のどんな体験によって刷り込まれたのか、記憶を探ってみましょう。

記憶の中にあるプラスの信じ込みはそのまま残して、自信や活力を奪うマイナスの信じ込みだけを書き換えればいいんです。

「そんなこと簡単にできるわけない」と思いますか？　そう決めつけるのも、またあなたの信じ込みなんですよ。

ふだんは、そんなことができると思わずに過ごしているかもしれません。ところが、私たちは奇跡を願わずにはいられないような状況に放り込まれると、過去の信じ込みがはずれ、新たな信念が生まれることはよくあるんです。

私の友人は、自称「引っ込み思案の専業主婦」でしたが、離婚という修羅場を乗り越えてから、別人のように積極的になりました。また、自称「こわがり」だった友人は、生死の境をさまようような病を克服してから、死を恐れなくなって、考え方がすっかり変わりました。

このような変化は、特異な体験をした人にだけ起こるわけではありません。いつでも、だれでも、起こすことができる奇跡なのです。

あなたが何もしなければ、今ある信じ込みは自動的に再生されます。それではいやだと思うものがあれば、別の角度から心を刺激して、望ましい新たな感情を上書きしましょう。

上書きにはコツがあります。信じ込みを解く鍵は、「〜ではいけない」と制するのではなく「〜でOK」。あなたがだれかに指示されるとき、「〜ではダメ」といわれるより「〜でいいよ」といわれるほうが気分がいいでしょう？　それと同じです。

例として、「私は恥ずかしがり。やたら恥ずかしがるのはよくない」と信じ込んでいる場合を取り上げましょう。

手順は、最初に上書きする内容を〝提案〟し、次にそれを〝許可〟して書き換えます。

最初は提案。「恥ずかしがる姿って、案外かわいいかも！」

次に許可。「恥ずかしがりはかわいらしい個性なんだから、大いに見せてOK！」

心はそのように指示されると、その方向で新生しようとするんですね。新生すれば、同じような場面で恥ずかしがったとしても、以前とは心のあり方が違うから、その姿が魅力的に映るようになるんです。

あなたも、「やっぱりダメ」「どうせできない」などと思わず、自分が新生したいことは必ず書き換えられると信じて、根気よく「提案＋許可」を続けましょう。

もう一例は、「自分は落ち込みやすい。落ち込みやすいのはよくない」と信じ込んでいた私の体験を取り上げます。

提案するときのコツは、力いっぱい自分の味方をすること。私は自分にいいました。「落ち込みやすいのは繊細な証拠！」「落ち込んでる姿は共感を呼ぶ！」

許可するときのコツは、ありのままの姿を堂々と表わすように指示すること。私がいったのは「落ち込んでる自分はそのときの正直な自分だから、そのまま表わしてＯＫ！」

これを続けたら、落ち込む自分を責めたり、毛嫌いする感情がしだいに薄れていきました。すると、落ち込んでも「きたな、きたな」と客観的に眺める余裕が生まれて、「いっそ、落ち込むことを楽しんでやれ」という気持ちになったんです。結果として、落ち込んでも立ち直るのが早くなりました。

もう一度、あなたの性格や特徴を見直してみましょう。

心を重たくするものがあったら、それはあなたからの新たな提案と許可を待っていますよ。短所に見えるものは、長所と背中合わせ。視点を変えて、短所という信じ込みを長所に書き換えましょう。

心は、あなたが眠っているあいだにリフレッシュします。毎晩、寝る前に書き換えをすませ、翌朝は「新生した私、よろしく！」と挨拶して、新鮮な気持ちで一日をはじめましょう。

知ってた?

ほしいものが手に入ったとき
別のなにかをなくしてるってこと

なんにも捨てずに
最高に価値あるものを
こっそり手に入れるなんて

できないんだよ

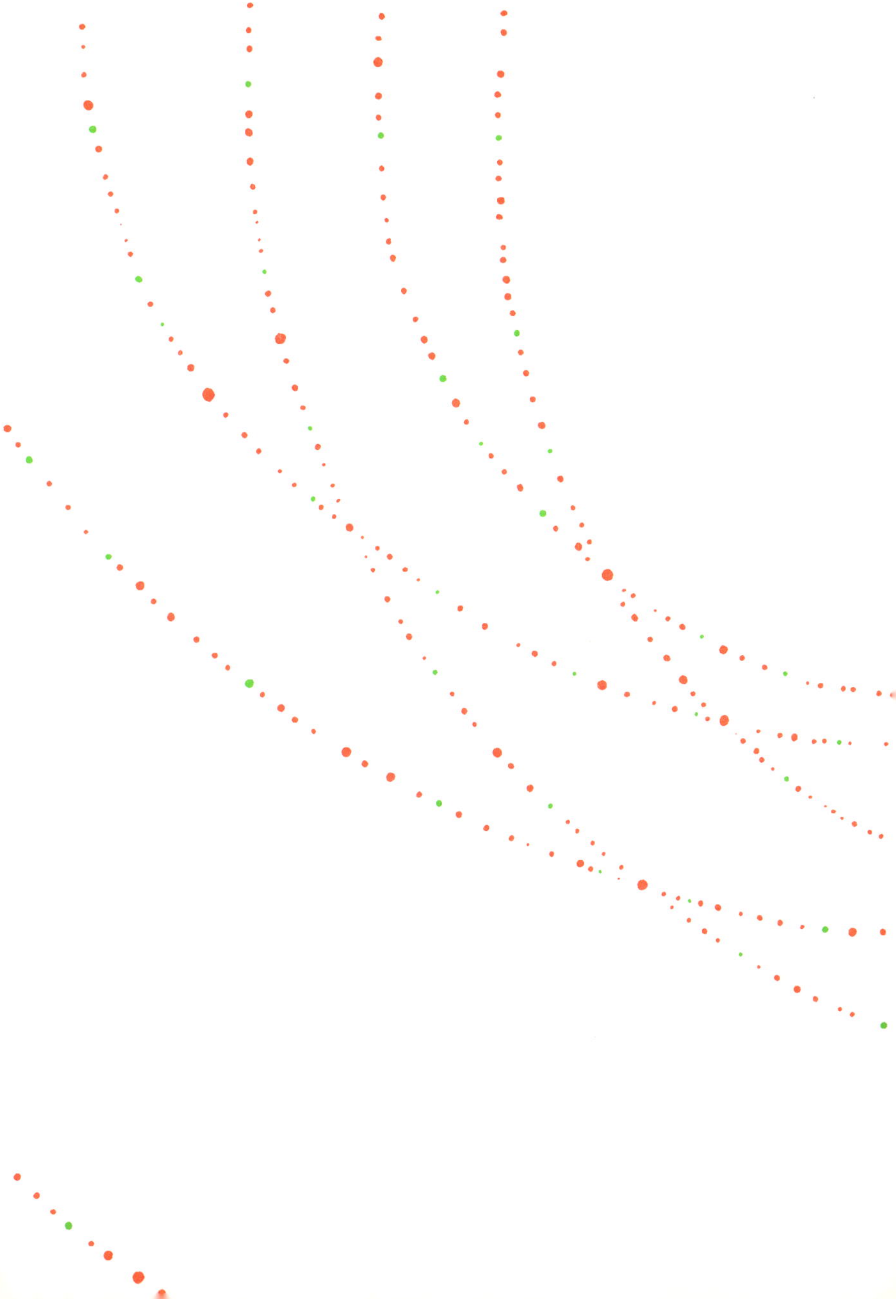

人生は〝引き算〟

幸せの価値観は十人十色ですが、あなたは自分が求める幸せをどのくらい手に入れましたか？　また、実現できていない未知の幸せには、どんなふうに臨んでいるのでしょうか？

私はたえず未知の幸せを求めて人生を駆け抜けてきましたが、そんな半生を振り返って思うのは、「手にあるものを捨てて臨めば、新たなものが手に入る」ということ。これは「新たなものが手に入ったら、今手にあるものを捨てられる」とは違います。

よく見かけませんか？「今の仕事はいやだから転職したい」「今の彼は運命の人とは思えないから新しい恋がしたい」といいながら、相変わらずそのままの人。

そういう人は「ほしいものが手に入ったら、手元のものを捨てよう」と思っているんですね。つまり古いものを手放そうとせず、ただ新しいものを望んでいるだけなんです。

私たちは『何かを失うことで、別の何かを得る』という法則の中で生きています。たとえば、物を買えばお金を失い、病気になれば健康をなくします。

これは心の世界も同じ。恐れれば勇気を失うし、信じれば疑惑は消えますよね。

この法則を、視点を変えて見てみましょう。

『花は散るからこそ、実をつけることができる』になります。ようは、何かを終わらせるからこそ、次の段階に進めるのです。

あなたが、人生が停滞しているように感じるとしたら、それはあなた自身が停滞させているのかもしれませんよ。いつかは別の何かを手に入れたいのなら、今、つかんでいるものを放して両手を空けてください。「捨てるのが惜しい」という気持ちを「捨てる覚悟を決める」にシフトするんです。

覚悟を決めるとは、本気で求めるということ。迷いを吹っ切って本気になれば、仕事、恋愛、どんな分野でも、きっと新たな道を拓くことができるでしょう。

私は、かつては人生を〝足し算〟で考えていました。ほしいものをどんどん足していけば、幸せが増えると思ったんです。

流行の服、しゃれた家具、かっこいい仕事、高級食材……より魅惑的なものを手に入れることに夢中になりました。でもそれは、うたかたの満足しかもたらしませんでした。

そのとき、目に見えるものをどんなに足していっても幸せのゴールにはたどり着けない、満ち足りた幸せは得られない、ということに気づいたのです。

途方に暮れて「いったいどこに向かえばいいのか……死ぬまでにどうしても手に入れたいものは何？」と必死になって自問しま

した。すると、「やすらぎ……」という心の声が聞こえました。

私が本当にほしかったものは、そのままの自分に満足してやすらいでいることだったんですね。

そのときから〝引き算〟の人生がはじまりました。

心に張りついた不要なものを見つけては、「捨てる！」と覚悟を決めて追い出します。不要なものとは、そのままの自分ではダメという恐れに根ざした気持ち。たとえば、体裁を気にしてドギマギする見栄とか、自分を責めてイライラする自己否定。

それらを見つけては捨て、見つけては捨てをくり返すうち、少しずつ心の中が落ち着いてきました。おどろいたのは、見栄を捨てただけで、仕事の進め方や人との付き合い方が変わったこと。

心は、自分がオープンになって自然に振舞えるようになると、自然にやすらぎを感じるものなんですね。やすらぎは、もとから私の心の中にあったのです。

あんな坂も、こんな坂も、まサカもある……人生は、よく山登りにたとえられます。

山は、余計な荷物を持てば登りにくくなるばかり。幸せの頂を目指す〝心の山登り〟も、荷物は少ないに越したことはありません。

心に余計な荷物をいっぱい詰め込むということは、欲に足を取られ、心配が肩に食い込んで歩きづらくなるということ。このやっかいな荷物を減らしませんか。

息苦しいと思ったら、引き算形式で「見栄を張らない」「損得勘定もいらない」「むやみに恐れない」と、やっかいな荷物を捨てていくんです。そのときの掛け言葉は「欲張らない、欲張らない……」。

すると、心に余裕が生まれ、そのスペースに「陽だまりってありがたいな」「やさしくするのは気持ちいいな」といった新鮮な喜びを詰め込めるようになりますよ。

そうやってどんどん身軽になっていくと、あなた自身がフワリと高みへ運ばれるかもしれません。高いところは、山でも建造物でも一段と眺めがいいように、心の山登りも頂に近づくほど味わい深くなっていきます。

また、あとから登ってくる人たちが、今そこでどんな情景を見ているのか実感としてわかるので、そっと見守ることも、手を差し伸べることも自在にできるようになります。

あなたは今、そんな心の山登りをしながら、毎瞬毎瞬、何かを捨てては何かを選んでいるのです。

心をやすらかにする行動を選び続けましょう。行動は心の写し。足が動かなくなったときは〝捨てる覚悟〟をし直して。そうすれば、また元気に登れるから。

思いがけず

苦労をしょいこんでも

カメのようにのろのろ進めば

なんとかなる

最近、そう思うようになった

むだな苦労は
ひとつもない

あとにはきっと
いいことが待っている

だから、ちょっぴり
苦労しよう……

苦労にイエスを！

私は「苦しむのは絶対にいや！」と心の底から思っていたにもかかわらず、「どうしてこんな目に……」となげくような苦しみをたくさん味わいました。

今なら、そんなことになったわけがよくわかります。私は「苦しむのはいやだ」と強く思うことで、逆に苦しい出来事を引き寄せていたんですね。

あなたは、どうにかこうにか自転車に乗れるようになったころ、「あっちに行っちゃいけない。溝にはまっちゃう！」とあせるほど溝のほうに曲がってしまった記憶がありませんか？

ひょっとすると、そのときあなたは強烈な想いのエネルギーを放って〝望まない現実〟を引き寄せたのかもしれません。

私は授業中、「当てられたらどうしよう、答えられない」とドキドキしたときほどよく当てられました。こんな子ども時代の思い出なら笑い話ですまされますが、大人になっても相変わらず〝望まない現実〟を引き寄せているとしたら……もはや笑い話ではすまされないでしょう。

たとえば、健康オタクと呼ばれる人が、病気になることを心配しすぎて、何も気にしない人より病気にかかりやすくなる場合があります。あるいは、自分はダメな人間で情けないと思いつめている人が、どんなにがんばってもどんどんダメになっていく場合もあります。

どうしてそんなことが起こるのでしょうか？

人間には、たえず意識しているものを引き寄せるという習性があります。つまり私たちは、常日頃、自分がどんな感情にフォーカスするかによって、その感情を味わうのに見合う現実を作り出しているのです。

ややこしいのは、ひとつの感情を放つとき、それについて考えた語尾はまるで関係なくなるということです。

たとえば、あなたが「嫌われるのはいや」と強く思ったとしましょう。そのときあなたは嫌われたときの気分に浸るはず。好かれたときの気分をよみがえらせたりしませんよね。すると、たとえ「～はいや」という語尾で結んでも、そのとき浸った「嫌われる」という感情がエネルギーとして放たれ、それを味わうのにピッタリの出来事を引き寄せてしまうんです。

だったらその習性を逆手にとって、いいことだけを考えたいところですが、大人の思考は複雑でやっかいなんです。「こうなったらいいな。でも、そうならなかったらどうしよう」とすぐ反対のことを思い、「大丈夫と思えばいいんだ。大丈夫、大丈夫、でも本当に大丈夫だろうか」とすぐ疑う、というようにめまぐるしく変わります。

それで、結局、何が起こるかわからないということになってしまうんですね。

私の気持ちが「苦しむのは絶対にいや！」から「ちょっぴり苦労しよう」に変わったのは、進んで「苦労しよう」と思ったからではありません。「ちょっぴり……」とつけるくらい私は小心者です。

ただ、ちょっぴり苦労しようとハラをくくったら、苦しみにあえぐ自分を想像して胸を痛めることがなくなったんです。苦労がやってきたら、それを乗り切った自分を想像してがんばるほうがうまくいくことを体験から学んだのです。

今でも、「思うように文章が書けない」とか「友人の期待にそえなかった」と、情けない気持ちになることはよくありますよ。でも、もう苦労から逃れようとは思いません。逃げ出せば追いかけられるし、嫌悪すれば引き寄せるとわかっているから。

それじゃ、どうするのかというと、「この苦しみを味わうことに何か意味があるはず」と考えて、その場の苦しみを背負ってのろのろ進むか、嵐が行き過ぎるのを待ちます。

どんなに考えても意味がわからない苦しみは、「いずれわかるだろう」と棚上げしてしまうんです。もがけば葛藤がはじまり、葛藤からは失望しか生まれないことをいやというほど体験したから。

わからないことはわからないまま、なりゆきで背負った苦労も含めて、そんな自分をそのまま受け入れる……私はいつのまにか「不可解な自分の人生にイエスといってしまおう」と思うようになりました。

そんなふうに割り切って降りかかる苦労を受け入れていくと、それを乗り越えたときや事態が好転したときは、うれしくて、うれしくて、心の底から感謝がこみあげてきます。

すると、「すべてはこの喜びを味わうためだったのか……」「深い感謝の心を忘れるなということか……」と、苦労の意味がストンと腑に落ちるんです。そのたびに、痛みを通していろいろなことに気づかせてくれる人生の仕組みに感服します。

あなたがどんなにがんばっていても、「こんな目に遭うなんてあんまりだ」と思うような出来事が起こるかもしれません。そのときは、それはそれとして受け入れて、ちょっぴり苦労してみませんか。

自分に与えられた人生にイエスといえば、イエスというエネルギーがこだまして、あなたのもとに返ってきます。苦労の先には、きっとすばらしいことが待っていますよ。

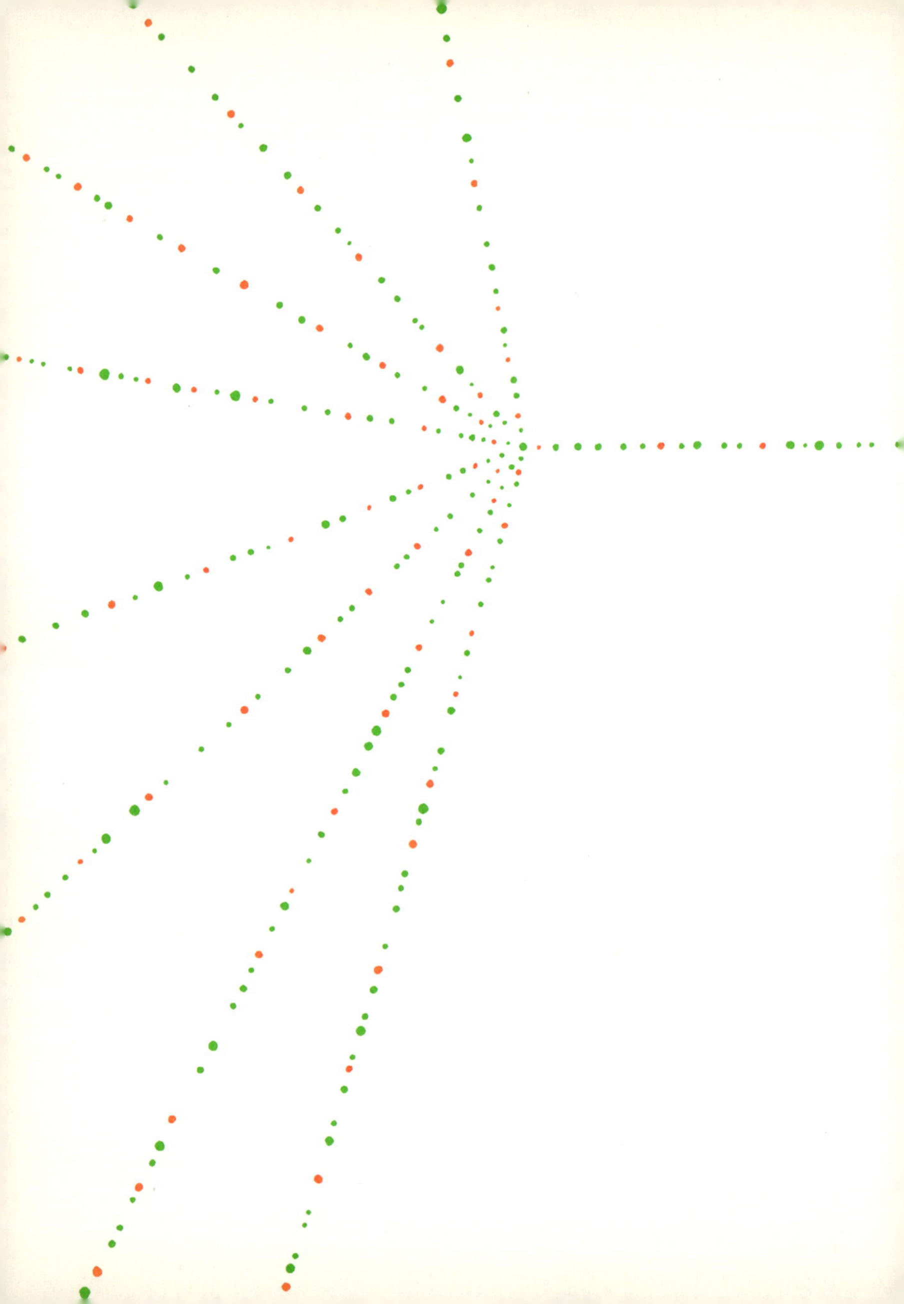

人生には
あとから理解できることが
山のようにかくれている

今は、わけがわからなくても
むだな体験はひとつもない

悲しみに沈んだ体験が
ひとつ、またひとつと
1本の糸で結ばれていく

そんな痛みをすべて乗り越えて
1本の糸がたぐり寄せるもの

それが
想像を絶する、〝しあわせ〟

幸福の縄

私は人生の半ばを過ぎて、ようやく「自分の人生に起きたことは、すべて自分に必要なことだった」と納得しました。それまでは、身に降りかかることに抵抗して七転八倒していたんです。

人間は、年齢とともに自分の体験を受け入れることが上手になって、少しずつ、人生の醍醐味を味わえるようになっていくのかもしれませんね。

若いうちは思い込みが激しい分、「こんなことになるなんて」「こんなはずじゃなかったのに」とがっかりすることがたびたびあるでしょう。人生は、胸を痛めた体験から学ぶしかない部分もありますが、少しでも苦痛をやわらげてソフトランディングできるように、秘訣をお伝えします。

あなたが七転八倒するような苦しみを味わうのは、「こんなはずじゃなかった」と悔やんで抵抗し続けるからです。「私のせいじゃない」「あいつが悪い」「世の中が悪い」と抵抗している限り、苦しみは絶対に消えません。

ついに、抵抗する力が尽きて目の前の現実を受け入れるしかなくなったそのときに、ようやく自分の人生を受け入れることができるんですね。だから、「お手上げだ」「仕方がない」「これでよかったのかも……」と思えるようになることは、少しもみじめなことではありません。それこそが救いなんですよ。

そんな人生の仕組みを一日も早く理解して、苦しみにあえぐ時間をなるべく短くしませんか。その仕組みを説明するために、私たちの想いを〝光〟と〝闇〟にわけて考えてみましょう。

〝光〟は、愛に代表されるポジティブな気持ち。目の前のことを受容すると、心に光が差してきます。

〝闇〟は、怒りに代表されるネガティブな気持ち。目の前のことに抵抗すると、心に闇が広がります。

あなたが苦難に遭遇したとき、抵抗すれば、闇が広がって足元が見えなくなります。それで方向を見失い、不安やあせりが生じて苦しみはじめるんですね。

そのとき、「この体験を受け入れる！」とハラをくくれば、足元に光が差してきます。その光を頼りに、あなたは安心して平和な方向に進むことができるでしょう。

このシンプルな仕組みを理解して、闇をいつでも光に変えられるようになってください。そうなることが、私たちの成長なのです。

あなたはこれまでに、心の小さな闇を光に変えて喜んだことがあるはず。たとえば、「子どものときにイジメられたのは悲しかったけど、鍛えられて強くなれた」とか、「幼いときは親に叱られて反発したけど、叱ってくれたから今の自分がある」というように。ほかにも、胸の痛みが感謝に変わった経験がいくつかあると思います。

最初、あなたが心に闇を抱えて苦しんだのは、光のすばらしさに気づくためだったんです。もし闇がなかったら、光があることにも気づけなかったでしょう。

私たちのだれもが心に闇を抱えています。それはつまり、だれもが「光を選び直せる」ということ。これが重大なポイントなんです。

あなたの人生には、これからも予期しない出来事がたくさん起こるでしょう。長い目で見れば、人生にむだな体験はひとつもないのだから、開き直って痛みを味わうのもいいかもしれません。でもずっと暗闇にいると、心の奥で問答がはじまると思います。

「このまま暗闇にい続けますか？　そろそろ光を求めますか？」

しばらくは、つらくて落ち込んだり、怒りに震えたとしても、最後は必ず光を選択してくださいね。光は受容です。「わかった。この現実を受け入れる！」と決意すれば、きっと取るべき行動が見えてくるから。そのとき、つらい体験が光に変わるんですよ。

『禍福《かふく》はあざなえる縄の如し』ということわざを聞いたことがありませんか。これは「不幸は幸福の前触れ。不幸をなげいて自暴自棄にならず、風向きが変わるのを待ちましょう。また、幸福と思って浮かれていると、いつ不幸に見舞われるかわからないから身を慎みましょう」という教えです。

〝禍《わざわい》〟という最悪と、〝福〟という最善は、いつでも表裏一体。最悪の事態に直面すれば、どうしていいかわからなくて途方に暮れることもあるでしょう。それでもあなたは、自分がするべきことを選んで生きていかなければなりません。

だったら、最悪のときでも、「不幸は幸福の前触れ。あとには必ずいいことがある！」と信じて顔を上げましょう。どんな状況でも、あなたは〝光〟と〝闇〟のどちらでも選択できるということを、しっかり覚えておいてください。

人間の意志は、とても偉大でパワフルです。あなたがいつでも光を選ぶ意志さえ持っていれば、「あの体験を乗り切ったからこそ、この幸せを手に入れられた」と思える人生になっていきます。

苦しい体験を、片っぱしから〝光の箱〟に放り込んでいきましょう。すると、闇にあった感情が昇華して光になります。それを続ければ、人生の〝禍〟が、いつかすべて〝福〟に転じて、見事な〝幸福の縄〟が完成するでしょう。

その縄を、自分の手で編んでみたくて、あなたは生まれてきたのかもしれませんよ。

今まで、できなかったこと……

人に弱みをさらけ出す
包みかくさず本音をいう
素直に甘える

まだまだある……

いじけない
ねたまない
おろおろしない

だけど、重要なのは
今までのことじゃない
今からのこと

今からどうやって
未来を作り出すかなんだ

螺《ら》旋《せん》階段の未来

以前の私は、自分の嫌いなところならいくらでもいえました。いやなところが気になって、「自分を嫌わない」「自分を責めない」「ダメな自分を許す」ということが、まったくできませんでした。

それがどんなに重要か、頭では重々わかっていても、実行しようとするとむずかしくて……どうしてもできずにいたのです。

もし今、あなたが似たような状態で葛藤しているとしたら、私がそこからどうやって抜け出したかという体験談が参考になるかもしれません。

私は長いあいだ、自分を「責めてはいけない」「嫌ってはいけない」「許さなければいけない」と思い続けていました。

そして、それができない自分をまた責めるという〝負のスパイラル〟に陥ってしまったんですね。自分を責めてもいいことは何もないし、目の前の問題が解決するわけでもないのに……。いったいどうすれば〝負のスパイラル〟から抜け出せるんだろうと苦《く》悶《もん》しました。

あるとき、口では「今に生きよう。今が一番大事！」といいながら、実際は「過去の体験にとらわれ、過去に生きている」ということにハッと気づいたんです。

今が一番大事なわけは、今どんな未来像を思い描くかで、今後の自分が作られていくからです。それなのに、私はそんな大事な今を「過去の自分を責めること」に費やしていたんですね。

このことが腑に落ちたとき、はじめて「これで自分は変われる！」と思いました。そして、「これからは今の自分を『未来の自分を称える』ことに使おう。そうすれば、もっと自分を好きになれるはず」と思ったのです。

それをどうやって実践したかというと、たとえば、私はかなりの面倒くさがりです。お礼の電話を一本入れる、サッと掃除機をかける、「手伝いましょう」と声をかける……こんなちょっとしたことを「今したらいいのに」と思っても、たちまち「面倒くさいな」と思ってしまうんです。

そのせいで、思いついたことをやりそこねて自分を責めたことは数知れず。そんな自分を「面倒くさがりで最低！」と嫌っていました。まず、これを変えることに挑戦しようと思ったんです。〝今〟を、未来の自分を称えることに使うと決意して、「未来の自分は、たとえ面倒くさいと思っても、思いついたらその場でするようになる！」と、いつもいつも思い続けました。そうなると信じました。

すると、その思いが信念に変わったころ、変化が表われたんです。何か思いついたことを「面倒くさいな」と思っても、そう思いながらもサッと動いているではありませんか。発想を変えただけで自分が動くようになったことが、おかしいやら、小気味いいやら……。私はすっかり気をよくして、自分の課題を見つけるたび、未来の自分を称える形でクリアしていきました。

そのひとつが「人に弱みをさらけ出せない」。これには、人に弱みを打ち明けてすっきりしている未来の自分を思い描き、もうひとつ「いじけやすい」ことには、「私は私！」と笑っている未来の自分を思い描きました。そして、そのたびに「未来の私はすごい！」と称えるようにしたのです。

あなたの〝今〟を、「どうしてこうなの」と憂うことに使わず、「こうなりたい」と思う未来像を思い描くことに使い続けましょう。きっと不思議なくらい、心のありようが変わるから。

どう変わるのかというと、「人生は今の自分が握っている」「未来の自分は好きなように作り出せる」「すべては今の自分しだい」と確信するようになりますよ。

本当にそうなんです！　あとは、あなたがそれを信じて行動に移すかどうかにかかっています。

今日も明日も、今、今、今……と、今が果てしなく続きます。今の連続が人生。明日は、今日にならない限り生きられません。ということは、あなたがアクションを起こせるのは今日、しかも〝今〟だけなんです。

その今に、未来の自分を根気よく描き続けましょう。そして、次の今には、ほんの少し未来像に近づいた行動を取ってみてください。

ただし、あせりは禁物です。あなたが長年、自分を変えられないことに悩んでいたとしたらなおのこと。すぐに大きな変化は見られないかもしれませんが、けしてあきらめないでくださいね。

自分が変わったと実感できるまでには、多少、個人差があるからです。

私たちの内面の成長は、螺旋を描くようにして少しずつ進んでいきます。がんばってもがんばっても、ちっとも進歩しないように感じたり、振り出しに戻ってしまったような気がしたとしても……あなたは、螺旋階段を上がるように確実に前に進んでいるのです。

過去を振り返っていいのは、螺旋階段の高さを確認するときだけですよ。それ以外の時間は、〝なりたい未来〟をしっかり見つめて、そのためにある〝今〟を大切に使いましょう。

にわか雨が降ってきた
目を閉じて
雨音にいっしんに耳をすませる

頭の中が雨音一色になると
息づいているのは
雨とわたしだけ

心配事も
わずらわしい問題も
なにもかも、心の中からしめ出される

世界はなんて静かで
平和なんだろう……

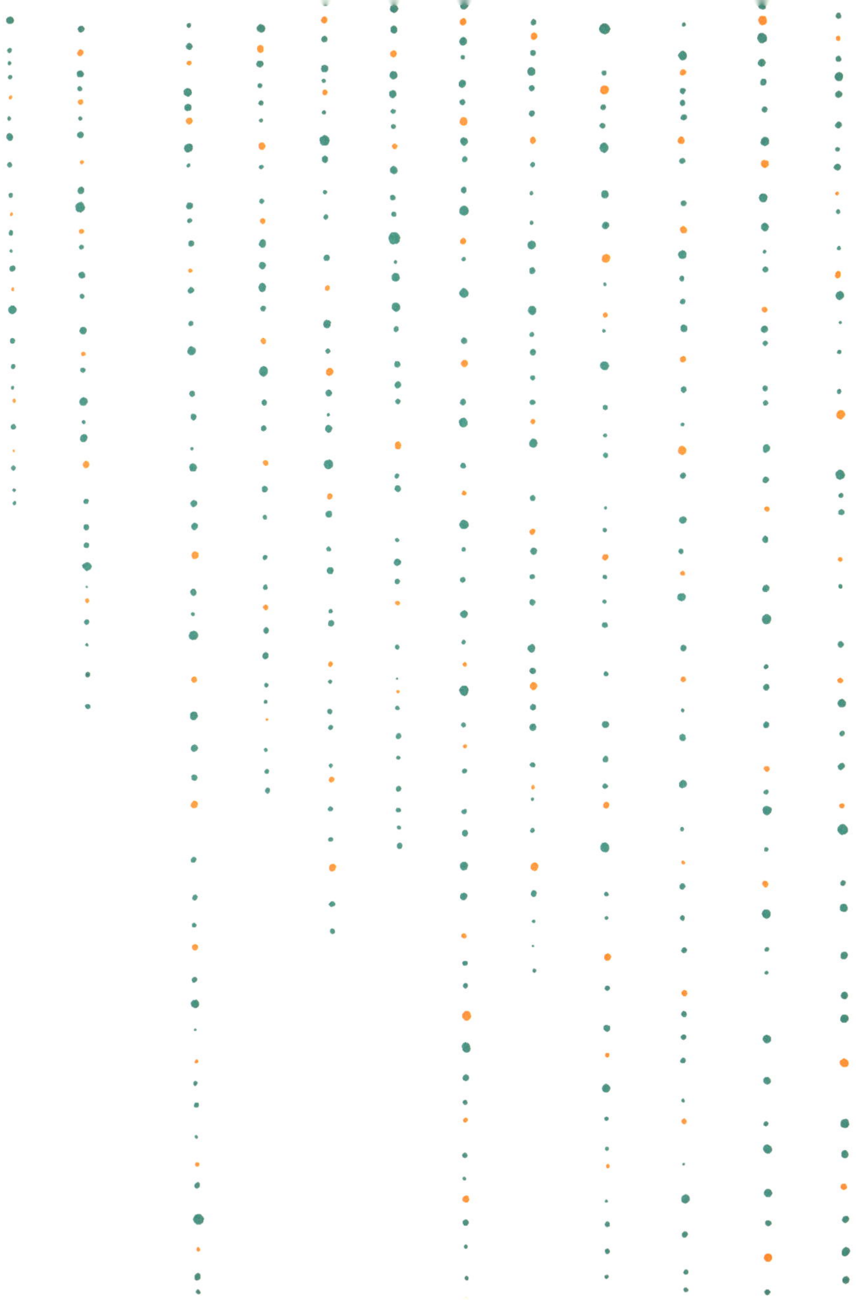

幸せのバロメーター

私は心の中が平和なときは、とても〝無邪気〟で〝能天気〟です。その状態でいられるかどうかが、幸せのバロメーター。だから、なるべくいつも無邪気で能天気でいられるように心がけています。

あなたの心を平和から遠ざけるものは、どんな気持ちですか？

もしかしたら、それは無邪気さや能天気さとは正反対の〝ゆがんだ気持ち〟や〝おびえる気持ち〟かもしれませんね。それが心に広がると、葛藤や不安がはじまって、心がザワザワして落ち着かなくなります。

無邪気さを奪うものは、「正しいことをしなければならない」という観念。以前の私は、それがものすごく強かったんです。幼いときに「自分が正しいことをすれば愛してもらえるけど、正しくないことをすれば愛してもらえない」と思い込んでしまったためです。

正しいことをするのはいいことのように思われますが、どんなことにも〝いい面〟と〝悪い面〟があるもの。私の場合、人に正しいといわれたことをしたのが〝いい面〟だとしたら、自分が本当にしたいことがわからなくなったのが〝悪い面〟でした。

その結果、自分では正しいことをしているつもりなのに、心が苦しくなりました。「親や世間の人が正しいと考えることは正しくて、それに同調できない自分は間違っている」という自責の念で、胸がいっぱいになってしまったんです。

今思えば、自分にとてもかわいそうなことをしたと思います。これでは自分を好きになれるはずがありませんよね。そもそも何が正しいかという判断は、置かれた立場や状況によって変わるものだし、自分の正しさと人の正しさがいつも一致するとは限らないのです。

あなたが、かつての私と同じような痛みを抱えているとしたら、私が自分に贈った言葉をプレゼントしましょう。

「今までは親が正しいと信じることで自分を作ってきたけれど、これからは自分が正しいと信じることをすればいい。正しいかどうか迷ったら、頭で考えず、『これなら無邪気にできる！』と感じることをしていこう」

次に、能天気さを奪うものについて考えてみましょう。

能天気とは、「なるようになる」と楽天的に割り切れる気持ち。それを邪魔するものは「こうなったらどうしよう……」と何にでもすぐ恐れる気持ちです。

あなたは子どものころ、お化け屋敷に入る前に「こわくない、こわくない」と思えば思うほど、こわくなってしまったことがありませんか？

お化け屋敷は一例ですが、こわさをなくそうとすると、お化けを恐れる気持ちにひたすら集中するので逆効果なんです。いっそ片想いの相手と一緒にお化け屋敷に入るほうが、その子のことが気になって、こわさを感じないでいられるかもしれません。

いずれにしても、「まだ起きてもいないこと」や「そのときになってみなければわからないこと」におびえるのはせんないこと。恐れても意味のないことは、忘れてしまうに限ります。

おびえる気持ちに心を取られそうになったら、何かほかのことに意識を集中しましょう。スポーツ、映画、読書、もの作り……何でもかまわないから、あなたの好きなことに没頭して気持ちを切り替えるのが一番いいですよ。

私があえて雨音に聞き入って〝ひとつのこと〟に意識を集中するのは、心をからっぽにしたいとき。それは心のザワザワを掃き出す、いわばお掃除タイムのようなものです。でも、なかなか集中できなくて、ザワザワを止められないときもしょっちゅうあります。

そんなときは、おびえる気持ちをすみやかに預けることにしています。預ける相手は、神様、天、宇宙、大自然……そう、人智を超えた存在。

人生に起こることをあれこれ想像してこわくなると、「お任せします」と手を合わせて結果を託します。すると、なんとなく肩の荷が下りてホッとするんですね。不思議なことに、託したからにはジタバタしないという気持ちになって、それ以上悩まなくなります。

あなたの心の平和は、だれかがもたらしてくれるわけではありません。自分で作り出すしかないんです。そのためには〝幸せをもたらさない感情〟で心をパンパンにしないこと、まずは溜め込まないことがとても大事です。

もし「こうなったらどうしよう……」とおびえはじめたら、声に出して「なるようになる！」「なるようにしかならない！」といってみてください。きっと、少しは気がラクになりますよ。

最後にあなたに伝えたい言葉があります。

「心配事は小さなうちに天に預けて、いつも心に余白を作っておこう。そうすれば、その余白に愉快なことやワクワクすることをいっぱい詰め込めるから。そうやってできる限り、無邪気な心で、能天気に生きていこう！」

運命の言葉の種が
ふわりと心に落ちた

その種は
いつのまにか根をはって
つらい体験を養分にして
大きくなっていった

心のまんなかに宿ったその言葉は
何度もわたしを癒し
勇気づけた

そんな運命の言葉の種は
あなたのすぐ近くにもあって
見つけられる日を待っている

運命の言葉

あなたは、心を鷲《わし》づかみにされるような言葉に出会ったことがありますか？

自分の人生を決定づけるような〝運命の言葉〟が、すぐ近くに埋もれているとしたら、探してみたくなりませんか？　運命の言葉を探すことは、シロツメクサの咲き乱れる草原で四つ葉のクローバーを探すことより、はるかに簡単かもしれませんよ。

出会った人から、じかに感動的な言葉を聞くことができたらとてもラッキーですが、そんな機会はそうそうあるわけではありませんよね。でも、本やインターネットを通せば、素敵な言葉に出会うことは簡単。私たちはいつでも古今東西の名言に触れて、その叡智に酔いしれることができるのです。

人生がにっちもさっちもいかなくなったときだけでなく、「あーあ、だれかに励ましてもらいたいな」と感じたときには、気軽に先人たちの言葉を探してみましょう。

私は心が震えるような名言に出会うと、まるでその言葉を発した人に出会ったような気になって、見も知らぬ作者、ときには故人に、「○○さん、すばらしい言葉をありがとう！」と叫んでしまうことがあります。

それでも時間がたつと言葉を忘れてしまうので、必ず書き留めて〝心の友ファイル〟に入れておきます。私にとって素敵な言葉は、そっと背中を押してくれたり、やさしく慰めてくれたりする〝心の友〟のような存在なんです。だからそう呼んでいます。そんな言葉を一堂に集めておくと、必要なときにいつでも引き出せるのでとてもありがたいんです。

世界にはすばらしい言葉がいっぱいありますが、心の琴線に触れる言葉はひとりひとり違います。また、その言葉に触れるタイミングによっても、感動の度合いは変わりますよね。

はじめてその言葉に出会ったときはピンとこなかったけれど、数年後に再会したら心に沁《し》みた、人生経験を積んだらその言葉の深さがわかって感服した、という話はよく聞きます。

もしかすると、あなたの運命の言葉は、人生経験を養分にして心の中で熟成し、あなたにとってのベストタイミングで花開くのかもしれません。それとも、あなたが見つけてくれる日を、密《ひそ》かに待っているのでしょうか……。

運命の言葉は、そのときの自分に大きな影響を及ぼす言葉。それは人生に無数にあります。求めれば、あなたはいつでも見つけ出せますよ。

なぜなら、自分に必要な言葉を引き寄せるのは、自分の無意識だから。ある言葉が目に飛び込んできて、あなたの心を鷲づかみにしたとしたら、その内容は、そのときあなたが心の奥で真剣に求めていたことの答えなのです。

私が運命の言葉に出会ったのは、今から十数年前になるでしょうか。初参禅をしたとき、老師からいわれた『むだ矢を放つな』というひと言。

当時、私は幸せな生き方について全国で講演をしていました。「聴いてくれる人がみんな感心するような話をしなければ……」という気負いが、両肩にドッと乗っていたのでしょう。

『むだ矢を放つな』は、「全員にわかってもらおうとするな。縁のある人は必ず受け取るから、いらぬことに心を奪われるな」という私への忠告でした。いらぬこととは、相手の評価を気にする我欲だと諭され、大きな衝撃を受けました。

それから私は本気で坐禅を習おうと思い、また縁ある人に読んでもらえる本を書こうと決心したのです。

あなたが、「そうだ、その通りだ！」とか「自分もそんなふうに生きたい！」と共感した言葉は貴重です。出会ったときに〝心の友ファイル〟にストックしましょう。

そうやって心に刻まれていく言葉たちは、あなたの心がブレそうになったときに原点に戻してくれるだけでなく、あなたが進みたい方向に人生を導いてくれますよ。

というのは、私たちは話すときはもちろん、思考するときも、感情を自覚するときも、それを言葉に置き換えます。そこに心が洗われるような言葉や、勇気をかき立てるフレーズが自然に浮かんできたら、思考や感情に影響を及ぼさないはずがありません。〝心の友ファイル〟に書き込んだ言葉を、あなたの一部にしてしまいましょう。すると、ふだんの言動がイキイキしてきます。そのとき、あなたが大切に集めてきた言葉たちが、運命を切り開く力強いエネルギーに変わるのです。

運命を切り開く上では、温かな人間関係を築くこともたいへん重要です。ここでも、心に沁みた言葉たちが活躍してくれますよ。たとえば、まわりにいる人を励ましたいと思ったとき、あなたはもう言葉に困らないでしょう。「○○さんの言葉なんだけど、今のあなたに贈りたいの」といって伝えればいいんですから。

その意味では、この世界にある名言はみんなのものだと私は思っています。

素敵な言葉で感性を刺激して、心をうんと豊かにしましょう。そこから、相手の気持ちにピッタリ寄り添う言葉がつむぎ出され、温かな人間関係が築かれていくのです。

あなたを感動させる言葉は、すぐ近くにたくさん埋もれています。そんな言葉たちとの出会いを大いに楽しみましょう。

泥の中でしか咲かない
蓮の花が好き……

蓮はにごり水を受け入れて
気高い美しさでその場を癒す

その姿に思わず魅入って
ときが過ぎるのを忘れてしまう

蓮の花に勇気をもらって
しょぼくれていた心が
シャキッとした

わたしはまた
蓮の花に恋をした

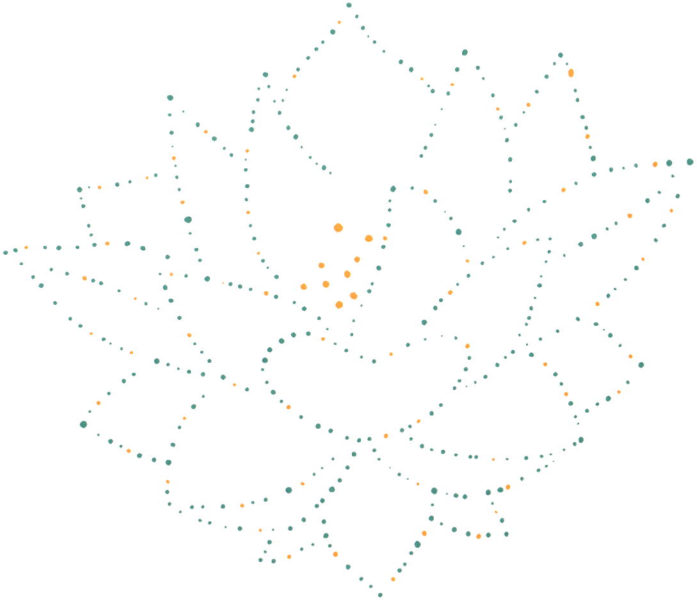

心の対話

私は心が折れそうになると、大好きな人や尊敬する人の顔を思い浮かべて、「もし○○さんがいたら、今なんていうだろう？」と考えてみます。

そのとき浮かぶ言葉は、私がその人に持っているプラスイメージが作り出すものだと思いますが、大好きな人たちはいつもすばらしい返事をしてくれます。

あるとき、「こんなに尽くしているのに、まるで報われない」とすっかりしょげたことがありました。そこで「マザー・テレサがいたらなんていうかな？」と考えてみたんですね。すると、「神様がちゃんとあなたを見ているから大丈夫」という答え。このひと言に、ずいぶん慰められました。

また、「私ひとりにできることなんて高が知れてる……」とひどくみじめな気分に陥ったとき、ふと「坂本龍馬だったらなんていうかな？」と思ったんです。胸をよぎった言葉は、「自分が信じた道を行けばそれでえいぜよ」。なんだか気分がスッキリしました。

私たちひとりひとりの心には、無数の感性がひしめいていて、どれかにフィットするものに出会うと親近感を覚えるようになっているのかもしれません。そこから〝大好きという感情〟や〝尊敬する気持ち〟が生まれるような気がします。

あなたも、その人が自分とはまったく異なる人生を生きた人でも、生き方や考え方に共感して「自分もあやかりたい」と思ったことがあるはず。その人は、眠っていたあなたの感性に火をつけたんですよ。ピンチのときにその人の言葉を探ることは、あなたの中にある、その人と同じ〝美しさ〟や〝強さ〟を引き出すことなんです。

その対象は、あなたが好きで尊敬できる人ならだれでもかまいません。歴史的な人物のほかに、親族、恩師、友人、恋人、大好きなペット、植物でもＯＫ。ただし、あなたがその対象に〝プラスイメージ〟を持っていることが必要条件です。

その条件を満たせば、それは独断的なものでも、思い込みでもかまいません。あなたの中から同じプラスのエネルギーを引き出す〝誘い水〟の役を果たしてくれればいいのですから。その意味では、自分の人生に大好きなものがたくさんあったり、尊敬できる人が大勢いるほうが幸せですよね。

もし、あなたが「尊敬できる人なんていない」と感じるとすれば、あなたの世界に素敵な人がいないのではなく、あなた自身が感性の扉を閉ざしているのかもしれません。「簡単には人を尊敬しない」「すぐには人を好きにならない」と思っていませんか？

それは、自分のうちにある美しさや強さを認めようとしない態度なんですよ。

もっと心を開きましょう。そして、同じ人間として輝いている面に目を向けて、「この人のこういうところが好き！」と素直に思えばいいんです。そこに見た輝きは、あなたの中にもあるもの。それを共振させましょう。

まずは、あなたが大好きな花や自然にあるものに心を傾けることからはじめませんか。自然に存在するものたちから力をもらうんです。

心が弱ったときに「もし○○だったらなんていうかな？」と考えてみることは、自分自身と対話するとてもいい方法だと思います。参考までに、私の体験をお話ししましょう。

「世の中からどうして汚いことが減らないの？」と悲しくなったとき、大好きな蓮を思い浮かべたことがあります。「蓮の花が話をするとしたらなんていうかな？」と想像すると、「悲しむことはありません。そんな世の中に光を当てることを、あなたはやりたいのではありませんか」という答えが返ってきました。きっと、泥水の中でしか咲かない蓮を敬愛する気持ちが、そんな言葉をつむぎ出したのでしょう。

夜空に浮かぶお月さんにたずねたこともあります。「いったい私にどれほどの価値があるのか……」と自信を失いかけたときのことです。ふと空を見上げたら、きれいな月が出ていたんですね。思わず「お月さん、あなたはどう思いますか？」とたずねると、「太陽がいいとか、太陽になりたいとは思いません。私は月であることに満足して、喜んで月の役目を果たします」という返事。それが、私の心の奥にある一番大切にしたい気持ちだったのでしょう。

　これは、自分が敬愛するものたちの助けを借りて、素直な心の声を聴く練習なんですね。だから、心がくじけそうになったときだけでなく、ふだんから気楽にやってみてください。ひとり遊びのような感覚で、「これについては、どう思う？」とたずねてみましょう。

　すぐに答えが返ってこなくても、じっと心の耳をすませれば、そのときのあなたの気持ちにピッタリ合った言葉が、きっと浮かびますよ。

　それを積み重ねていくと、自分が心の奥で望んでいることがだんだんわかってきます。そうなったら、あなたが進むべき道を決めたいときも、もっと勇気がほしいときも、「どうしよう？」と問いかければ、内側から響くやさしい声がそっと背中を押してくれるでしょう。

もっとわたしを見て！　と
人にねだってばかりいる自分

自分がやさしくされたいから
人にやさしくする自分

どっちも、かわいくない……

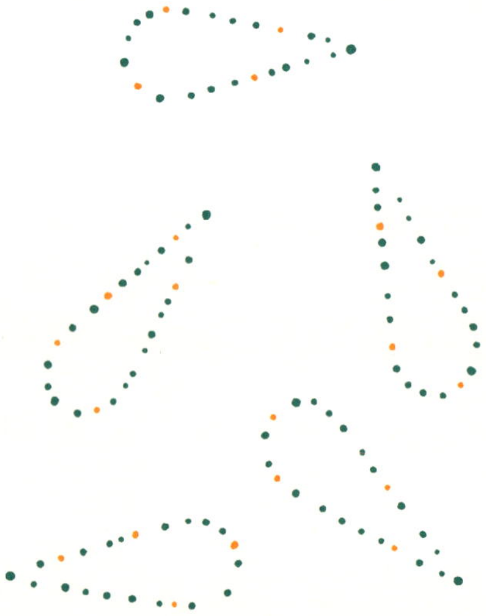

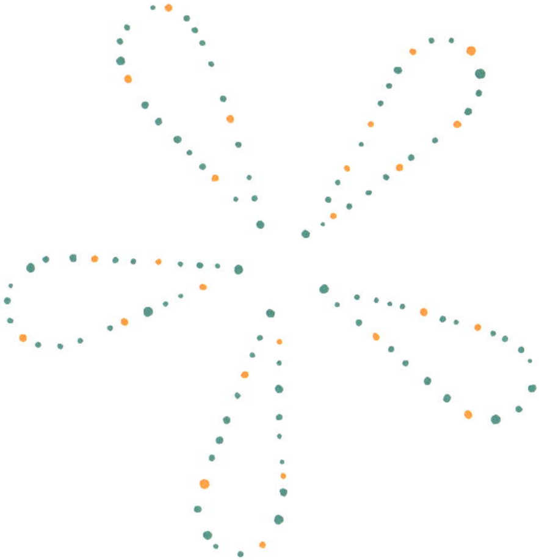

でもね
胸のいちばん奥には
ものすごくかわいい自分がいる

まっさきに人を愛したい
自分をおいて人に尽くしたい

そう思ってる、かわいいわたし
出てこ〜〜〜い！

求めてやまない気持ち

ひとりひとりの心の底には〝愛の泉〟があります。その泉からは、一生使っても使い切れない愛がいつもあふれています。

その愛は、自分にも、人にも注ぐことができるのに、なぜか私たちは、その愛を使おうとしないで、「このままでは愛が足りない」と思い込んでしまうようです。

そして、ほかの人からもっと愛されたい、だれかから特別に愛されたい、そうでなければ自分は幸せになれない……と苦悩するようになるんですね。

あなたはそんな傾向はありませんか？

人から愛されたいと願うのはごく自然な感情で、愛されることは大きな喜びに違いありません。

問題は、愛されたいと願うことではなく、人から愛されないと自分は幸せになれないと思い込むことなのです。

そう思い込めば、頭の中はどうすれば自分が愛されるかでいっぱいになって、ムリして相手に合わせたり、気持ちを偽ってでも人に好かれようとむなしい努力をはじめるでしょう。

私は、このむなしい努力に翻弄《ほんろう》されたひとりです。性別を問わず、「自分のことを愛してくれる人なら愛せる」と思って、自分を愛してくれる人を求め続けました。それで、とにかく自分が嫌われないようにしようとがんばるうちに、心がすり切れてしまったんです。

私はやりきれない寂しさに襲われ、しだいに、人から愛される自信も、人を愛する自信も失っていきました。必死に愛を求めても愛を得られず、心は寂しさでいっぱい……あなたには、こんな胸の痛みを味わってほしくありません。

今あなたは、自分が愛されることばかりを願って、人を愛することが二の次になっていませんか？

まず、人を愛することに全力を注ぎましょう。そうすれば、あふれる愛が少しずつあなたの心を満たしていくから。

人を愛するとはどういうことなのでしょうか……？

それは、自分が持っている大切なもの、時間、労力、やさしさなどを〝何の見返りも願わず〟相手に与えることだと思います。

逆を考えるとわかりやすいかもしれません。

あなたが「これをすれば愛してもらえる」「これで大事にされるはず」と期待して人に尽くしたとしましょう。そこであなたを失望させるものは、期待通りにならない相手ではなく、見返りを願った自分自身なんです。

見返りを願う気持ちは、愛とは正反対の欲望です。好きな人への期待は抱かないで尽くせる。それが愛なのです。

そうはいっても、期待は簡単に消えるものではありませんよね。今度、期待が頭をもたげたら、笑い飛ばしてしまいましょう。

「また出たの。おさがり！」と笑顔で無視するのが一番！

あなたが期待を握りしめれば、好意でしたことが愛されたいがための作意になってしまいます。いっさい見返りを願わなければ、それはきっと、愛として相手に届きますよ。

あなたの愛を、だれもが胸に秘めている〝求めてやまない気持ち〟を満たしてあげることで、ほかの人に伝えましょう。

そのだれもが求めてやまない気持ちとは……、

「自分に関心を持ってもらいたい」

「自分を認めてもらいたい」

「自分を励ましてもらいたい」

この３つ。私たちはこの欲求を踏みにじられると傷つき、満たされないと落ち込み、憂うつや自己嫌悪を覚えるんですね。そのくらい重要な気持ちだから、つい自分が得ることに躍起になって、人に与えることを後まわしにしてしまうんです。

あなたから先に、こんなふうに与えましょう。

「相手に心からの関心を示す」

「相手を心から認める」

「相手を心から励ます」

ふだんは自然にできても、相手の心がすさんで荒れているときは、ちょっとためらってしまうかもしれません。でも、本当はそんなときこそ、相手はあなたの愛を求めているんです。これからは「どう思われるだろう」「むだになるかも」と心配しないで、勇気を持って愛を差し出しましょう。

苦しんでいる相手の気持ちを汲み取ることが「相手に心からの関心を示す」こと。

どんな状態の相手でもそのまま受け入れることが「相手を心から認める」こと。

相手が苦難を乗り越えられると信じることが「相手を心から励ます」こと。

もし、自分が荒れているときに、そんなふうに接してくれる人が目の前に現われたらどんなにうれしいか……ちょっと想像してみてください。

愛とは、自分が求めるやさしさを相手に差し出すことなのです。すると、そのやさしさが最初にあなたの心に広がってあなた自身を癒し、それから相手のもとに届きます。

あなたが愛されるかどうかは、結果の話。でも、自分のことをさて置いて人にやさしくする人が、愛されないはずがないと思いませんか。

何年も前につきあった人のことを
ふと思い出す

あのときはどうして
わかってあげられなかったんだろう
今なら、よくわかるのに……

胸の奥がちょっぴりうずく

未熟なわたしとつきあってくれた
あの人のおかげで

今のわたしがいる

卒業ははじまり

あんなに好きだったのに、自分をわかってほしいと思えば思うほど心の距離が遠ざかり、ついに別れてしまった恋の記憶……。

ふだんはすっかり忘れているのに、何かの拍子に、ふっと、以前に付き合った人のことを思い出すことがあるかもしれません。

どんな事情があったにせよ、好きだった人との別れは心に傷跡を残すもの。はじめは思い出すのもつらかった記憶が、時間とともに風化して、いずれは過去のひとコマになっていきます。

そんなひとコマが頭をよぎり、「今の自分ならもっとわかってあげられたかも……」「いろいろあったけど、彼のお陰で成長できた」と思ったときが、もしかするとそのパートナーシップから真に〝卒業〟するときなのかもしれません。

真剣な恋愛をした相手とは、よほど深い縁があるはず。縁があるということは、その人とかかわることで自分が成長できる相手ということ。

でも、かかわっている最中は、ついつい感情的になって、お互いを客観的に見られなくなってしまうんですね。自分がいっぱいいっぱいのときは、まさか、相手が鏡になって自分の内面を映し出しているなんて考えも及ばないでしょう。たとえば、相手が不機嫌なのは自分が内心で怒っているせいだったり、相手がご機嫌なのは自分が無邪気に振舞っているせいだったりするんですが……。

結局、ふたりは別れてしまったとしても、それから自分が成長すれば、結果として、記憶の中の自分も成長できるのです。

ひとつの恋が終わったあと、あなたが人生経験を積んで自分の未熟さを反省し、もっと人の心がわかるようになったとしましょう。すると、ごく自然に過去の自分を振り返るようになります。

そして、当時は「相手が悪い」と思ったことが「自分にも責任があった」と気づいたり、「絶対に許さない」と思ったことが「あのときは、ああするしかなかったんだろうな」と思えるようになるんですね。

それは、過去の出来事は変わらなくても、過去の自分に対する見方が変われば、そのときの相手に対する見方と感情も変わるためです。

私は、離婚した当初は、自分を傷つけてボロボロにした相手を憎みました。しかし、数年かかってやっと「悪役を引き受けてくれて、ありがとう……」と思えるようになったんですね。その歳月は、まさに私自身が成長するために必要な時間だったとつくづく感じます。

こうして私たちは、何年もかけて痛みを乗り越え、その体験を糧にして自分を育て、過去のパートナーシップから卒業していくのです。

また、自分の体験を通して、おもしろいなと思ったことがあります。それは、冷静に過去を振り返ることができるようになると、「本当は自分が与えたかったのに、未熟で与えられなかったもの」がわかるようになることです。

それはもしかしたら、「本当は自分が受け取りたかったのに、疑り深くて受け取れなかったもの」と同じかもしれません。

それが何だったのか……数年たってやっとわかりました。言葉にすれば〝無償の愛〟とか〝絶対の信頼〟です。でも、そのころの私は、無償の愛や絶対の信頼が存在するということが信じられなかったんですね。自分が信じてもいないものを受け取れるはずはないし、まして与えられるわけがありません。

あなたが過去の恋愛を振り返ったとき、「本当は自分が与えたかったのに、未熟で与えられなかったもの」や「本当は自分が受け取りたかったのに、疑り深くて受け取れなかったもの」がわかったら、記憶の中にいる彼に、今のあなたの気持ちを打ち明けてみませんか。

心がすれ違って苦しかった出来事をじっと見据えれば、改めて理解できることや、今ならこうするだろうと思うことがきっと出てくると思います。それを整理して言葉にしてみましょう。日記風に書きなぐってもいいし、投函しない心の手紙を書いてもかまいません。

それはあなたにとって、とても大切な作業なんです。心の傷を乗り越えるためには、そうやって苦しかった出来事ともう一度向き合う必要があるから。

そこで泣いている過去の自分を、今のあなたが「つらかったね」とやさしく受け止めてあげましょう。けして自分を責めたり、卑下してはいけませんよ。

相手にもネガティブな感情を持たないで。ただ未熟ゆえに傷ついてしまった自分をやさしく抱きしめてあげると、心に癒しが起こります。これが〝卒業式〟です。

卒業は同時に〝はじまり〟を意味します。そのとき、過去の恋愛から学んでひとまわり大きくなったあなた、より深い愛をたたえたあなたが生まれるのです。

今度こそ、あなたが一番してあげたいと思うことを、これから出会う大切な人や、今一緒にいるパートナーにしてあげましょう。

毎日、顔を合わせていると
突然、会えなくなるなんて
考えもしない

思いがけない出来事があると
当たり前に過ごしていた時間が
どれほど貴重でいとしいか……

気持ちがすれちがったまま
二度と会えなくなることが
どんなに悲しくてつらいか……

ヒリヒリするほど
心に沁みる

伝えたい気持ちがあるなら
今のうちに心をこめて伝えよう

当たり前ではないこと

私たちは、いつでもそこにあるものは「あって当たり前」と思ってしまうところがあります。あなたには、どんな物事が〝当たり前〟になっているでしょうか？

たとえば、電気がつく、水が出る、食料が買える、職場がある……日本ではだれもが当たり前と思っていたことが、東日本大震災のときにくつがえりました。あのとき、家族がいる、仲間がいる、社会が機能しているという、ふだんは当たり前のことが、実はどれほどありがたくて幸せなことか……それを実感した人は多かったのではないでしょうか。

私たちにとって一番大切な〝何にでも感謝する心〟をおおい隠してしまうもの、それが「あって当たり前」という感覚です。

人間はもともと欲張りだから「もっとほしい」「新しいものがほしい」がはじまると、とたんに「今あるものは、あって当たり前」になってしまうんですね。

それがもっともよく表われるのが恋愛です。好きな人ができて、最初は「そばにいてくれるだけで幸せ」だったのが、「何もしてくれないと幸せじゃない」に変わり、「何もしてくれないなんてひどい！」と不満をいうようになるでしょう？

仕事もそう。念願の会社に就職できて喜んでいたはずが、じきに「上司が気に入らない」「給料が安い」「仕事がきつい」と文句をいうようになって、仕事がおもしろくないのは会社のせいだと不満をもらすようになるんです。

あなたも何か思い当たることがありますか？

もし、不満があるのはもっと幸せになりたいからだとしたら、あなたはスタートラインの立ち位置を間違えているかもしれません。

幸せのスタートラインは、好きな人がそばにいることや全力投球できる仕事があることに〝感謝する〟ことです。それを〝当たり前〟と思ってしまうと、ないものねだりに陥って不幸がはじまるんですよ。

ひとりひとりが体験する人生は違っても、幸せになる方法はみんな同じ。それは、自分の人生に与えられたものを感謝の心で受け止め、それに誠意を尽くすことなのです。

今あなたのそばにいてくれる人に対して、「ありがとう。誠心誠意、大事にします！」という気持ちをよみがえらせてください。そうすれば、今より敬意を込めて接することができるはず。それが、あなたの居場所を温かなものに変えるでしょう。

目の前の仕事に対しては、「ありがたい。全力を注ぎます！」という気持ちでこなしていきませんか。そうすれば、もっと楽しくがんばれて、より充実した日々を送れるようになるから。

そんなふうにして生きていくと、事情があって好きな人と別々の道を行くことになっても、離職したとしても、新たな世界で力強く生きていけますよ。

あなたがどんな世界に身を置いても、そのとき目の前にある物事に感謝することからはじめれば、けして不幸にはなりません。あふれる感謝は、深い悲しみを癒して、必ず希望に導いてくれるでしょう。

私たちは、すぐ刺激に慣れてしまいます。それは順応性を育む一方で、マンネリ感を生みます。マンネリ感が生まれたときが、〝当たり前〟という感覚に心を支配されたときなんです。

私はいつも「何でもすぐ当たり前と思ってしまうから気をつけて」と自分にいい聞かせています。感謝を忘れると、たちまち不幸に足を引っ張られるから。

今ひとつ感謝の気持ちがわかないときは、たいてい心が傲慢になっているとき。そんなときは、大急ぎで謙虚さを取り戻すようにしています。

何をするかというと、「自分の力だけで生きてるわけじゃない」ということに思いをはせるんです。「生きていられるのは、眠っているときも心臓を動かしてくれる〝目に見えない力〟のお陰」「息をすれば酸素が吸えるのは、二酸化炭素を吸って酸素を生み出してくれる植物のお陰」。そんなことをぼんやり考えます。

そんなことを考えなくたって生きていけると思うかもしれませんが、ちょっと考えて「お陰様……」という気持ちを取り戻せたら、それだけで「ありがたい！」という気分に浸れます。お陰様と感じられる人生は、そうでない人生より、はるかに幸せだと思いませんか？

あなたも試してみてください。身近な人に不満を感じたら、これまでその人があなたのためにしてくれたことを思い出してみましょう。してくれなかったことを思い出すより、ずっと温かな気持ちになれますよ。

そうやって心を整えてからその人に会えば、自然に笑顔がこぼれて、一緒にいることを素直に喜べるでしょう。

出会った人とは、遅かれ早かれ、永久の別れがやってきます。それは私たちの定めです。いつどんな形で大切な人たちとの別れが訪れても、悔いが残らないようにしたいものです。

あなたが大切だと思う人たちが、今、元気でそばにいてくれる……それはけして〝当たり前〟ではないのです。

毎日、顔を合わせる人に、あなたのほうから温かい言葉をかけましょう。それをもう、何があってもためらわないでくださいね。

あなたがひとりでも多くの大切な人と、にこやかにいい時間を過ごせることを願っています。

人間はひとりで生まれて
ひとりで死んでいくから

本当はみんな
さみしがりなんだよ

だから
自然に人を求めて
心を合わせたいと願ってる……

自分からすすんで
真心をさし出そう

真心と真心をそっと重ねて
温もりを伝え合おう

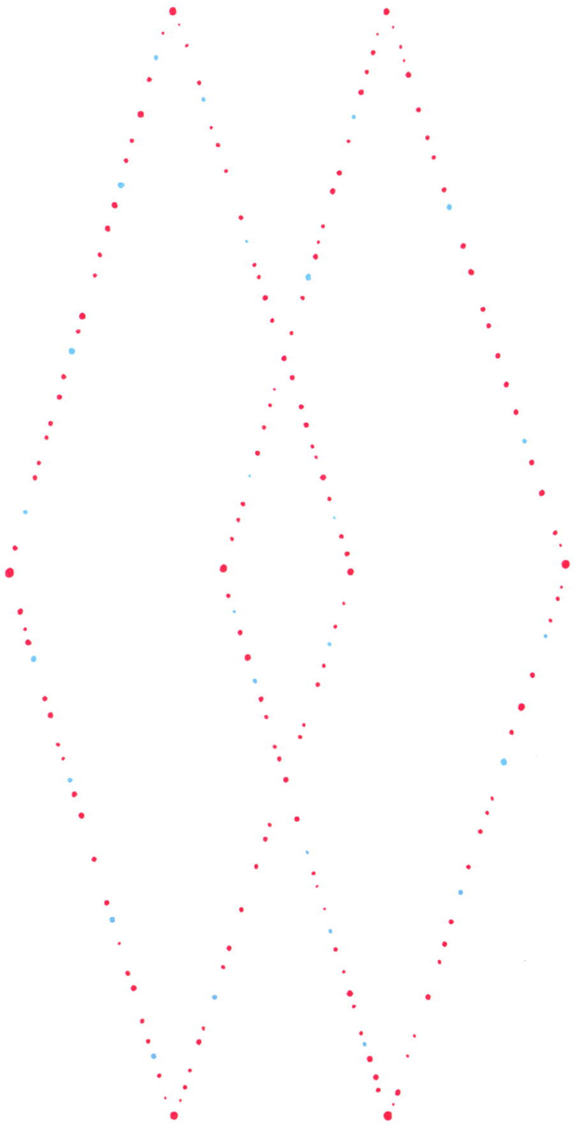

本当の温もり

あなたはどんなときに寂しいとか、人恋しいと感じますか？

私はとても寂しがりでした。幼いときは〝ひとりきり〟になるのが寂しかったのですが、思春期には〝仲間はずれ〟や〝裏切り〟、大人になってからは〝心を合わせられないこと〟が寂しいに変わりました。

今、ネットカウンセリングを通して感じることは、大勢の人が胸の奥に〝漠然とした寂しさ〟を抱えているということ。電話やメールなどの便利なコミュニケーション・ツールを使えば、いつでもだれかと交信でき、いっときの寂しさをまぎらわすことはできても、漠然とした寂しさは消えないというのです。

私もそんな寂しさを感じたことがあるから気持ちはよくわかります。でも、そのとき思ったんですね。この寂しさの原因は、もしかしたら自分の中にあるかもしれないって。

あなたも漠然とした寂しさを感じることがあるなら、それがどこからくるのかを考えて、解決の糸口を見つけましょう。

人間はみんな本質的に寂しがりだから、自然に人を求めます。それで温かな触れ合いをし、ひとりでは味わえない幸せを感じることができるとしたら、寂しさも素敵な感情といえるかもしれません。でも、人を求めてうまく心を重ねられないと、かえって寂しさを募らせてしまうことがあります。

たとえば、大勢でいてもだれも自分のことを気に留めてくれないとき、所詮この場限りの付き合いなんだと感じたとき、余計に寂しくなることがありませんか？

そんな心境に陥る原因のひとつは、あなたが「ひとりぼっちにはなりたくない」という理由で人と付き合っているからかもしれないんですね。

「だれでもいいから」という気持ちで付き合えば、相手もあなたのことを「だれでもいいうちのひとり」としか見ないもの。これは、「そつなく付き合えばいい」と思っている場合も同じです。心の中はいつも〝お互い様〟なのです。

だから、あなたがお互いのパーソナリティや感情をもっと大切にしたいと思うのなら、だれでもいいとか、そつなく付き合えばいいという、上辺だけの付き合いを自分からやめましょう。

もうひとつ考えられる原因は、自分が「だれからも嫌われないように気を遣っている」場合。

漠然とした寂しさを感じる人は、嫌われたくない一心で「自分らしく振舞っていない」ことが多いんです。これは恋人同士のあいだでもよく起こること。相手に気を遣いすぎて自分らしくいられないと、好きな人と一緒にいても寂しさがついてまわるようになります。それは、本来の自分を知ってもらえない寂しさです。

もし、自分らしく振舞って相手にいやがられたとしたら、その人は最初からあなたには合わない人だったんですよ。恋人でも友人でも、お互いにのびのびと振舞うことができ、またそれがお互いのいい刺激になるような関係を目指しましょう。

さらに、上辺だけの付き合いにはとんでもない〝落とし穴〟があるので気をつけてください。

それは、だれにでも〝いい顔〟をして人間関係を整理できなくなること。「この人とはこう」「あの人とはこう」という付き合い方を決められず、自分本位な人にいいように扱われてしまうのです。

自分本位な人には強引な面があるので、敵対したくないと思うほど振りまわされます。その結果、あなたの立場を汲んで「私はいいから」と気遣ってくれる人を後まわしにしたり、遠ざけてしまうことだってあるかもしれません。

あげく、あなたはすっかりエネルギーを消耗して「心から安心して付き合える人がいない」「どうしても寂しさを埋められない」となげくようになるんですね。

あなたが求めている人は、自分がボロボロになったときに寄り添ってくれる人ではありませんか？　いつもあなたの身になって本音で接してくれる人ではありませんか？

だったら、自分に誠実に接してくれる人を、自分の目で見抜きましょう。そして、何があってもその人をけして裏切らないようにしてください。

時間とエネルギーは有限だから、自分が本当に付き合いたい人の優先順位を、心の中でしっかり決めるんです。それにのっとって、ほかの誘いを断る勇気を持つことも大事ですよ。

もうひとつ、あなたに知っておいてほしいことがあります。それは、便利なコミュニケーション・ツールが寂しさを埋めるわけではないということ。物はあくまでも手段です。人の寂しさを埋めることができるのは、物を通して伝わってくる人の温もりなのです。

人間は自分が今にもつぶれてしまいそうなときには、スキンシップを求めるような気がします。黙って手を握っていてくれるだけで、そっと肩を抱いていてくれるだけで、心が救われることがあるからです。

あなたが一生付き合いたいと思っている人が、本当にあなたを必要としたときは、最優先でかけつける気持ちを持っていてくださいね。それが、ふだんは離れていても、心と心がつながっている証《あかし》だから。

愛するってむずかしい……

愛って、どういうものなの？

ずっと答えをさがしてた

人をうまく愛せない自分が
めちゃくちゃ情けなかったし
大嫌いだった

ごめんね

わたしが愛しそこなった人

わたしがうまく愛せなかった自分

愛しそこなわないで

恋に落ちると「好き！」という感情が高まって、激しく燃える情熱や、ロマンチックな情感で胸がいっぱいになります。でも、それはあくまでも恋心。

愛は、恋心とはまったく違います。愛は、静寂で、無色透明な空気のようなもの。

一度しかない人生で、絶対に取りこぼしてはいけないことは〝人を愛する〟こと。私たちが心から人を愛して幸せに生きていくためにすることは、たったひとつしかありません。

それは、心から〝自分を愛する〟ことなのです。

もし、「自分の一部は愛せても、全部は愛せない」とか「きのうの自分は愛せたけれど、今日の自分は愛せない」と感じることがあるとしたら、残念ながら、自分を愛しているとはいえません。

なぜなら、愛には例外がないから。あなたができることはいつでも、自分を〝愛する〟か〝愛しそこなう〟かのどちらか。その中間はないんですね。だからこそ、心から自分を愛することができたら、あなたは例外なく幸せになれるんです。

私は長いあいだ、自分を愛せなくてとても苦しみましたが、世の中には私と同じように「自分を愛せない」となげく人がなんと多いことでしょう。

あらゆる苦しみは〝素の自分〟を受け入れられないことからはじまります。その原因をさかのぼると、「素の自分ではダメ！」と思い込んだ幼児体験がほとんど。親から「もっとがんばって」といわれ続けたものの、期待に応え切れなくて親を失望させた……それがいつしか「こんな不完全な自分は愛せない」という気持ちになっていったんですね。

もしあなたが、いまだに不完全な自分を許せなくて苦しんでいたら、そのまま自分を愛しそこなうことのないように、心に潜む「自分なんて」という劣等意識から脱しましょう。

自分をほかの人と比べれば、容姿や能力の劣っているところを見つけて、悲しい気分になるかもしれません。でも、それはそのときの感情に過ぎないんですよ。

そもそも感情は、ちょっと状況が変わればコロリと変わってしまう当てにならないもの。たとえば、「子どものときは背が高すぎていやだったけど、モデルになれてラッキー」「低い声が嫌いだったけど、ハスキーボイスともてはやされて好きになった」といったことはよくあります。

いい方を換えれば、ひとつの感情は、心に永遠にとどまることはできないんです。ということは、その場その場でうまくやり過ごせばいいということ。心にわきあがった感情をなるべく客観的にとらえて、「私は今こんなことを感じてるんだ……」とただ味わいましょう。そうすれば、ひとつの感情に取り込まれて苦悩することがなくなりますよ。

季節に暑さ寒さがあるように、それぞれの感情に温度差はあっても、感情そのものに〝いい〟〝悪い〟はありません。感情はどれも人生の〝彩〟に過ぎないんです。

だから、自分と仲よくするには、自分を丸ごと受け入れて、冷やかな感情をうまくやり過ごすこと。もっといえば、何もかも愛で包み込んでしまうことが大切なのです。

あなたに断言します。「あなたは、そのままのあなたで完全です！」。私はこの言葉の真意が腑に落ちたときから、やっと自分を愛することができるようになりました。

「そのままのあなたで完全」といったのは、あなたにはもともと欠けているものなんてないから。

あなたは、完全な存在として生まれ、あらゆる感情を味わい尽くして生きているだけ。それがあなたであり、そのことを容認することが、自分を愛するということなのです。

あなたがすることは、自分を〝愛する〟か、〝愛しそこなう〟かのどちらかしかないとお伝えしました。それは、素の自分を100%受け入れるか否かということ。今の自分を丸ごと受け入れ、大いに泣いたり笑ったりしながら与えられた命をまっとうしましょう。それが唯一の〝自分を愛しそこなわない術《すべ》〟ですよ。

あなたが素の自分を受け入れたら、自分に怒って「どうしてこんなこともできないの！」と罵声を浴びせることはなくなるでしょう。あるがままの自分を認めて、もっとやさしく見守ろうと思うはず。

ときには、自分のバカさ加減を笑ってしまうかもしれませんね。でもそれは、天使の微笑み……。そのとき心がどんなに温かで穏やかか、それをぜひ体感してください。

あなたが愛したい人にも、同じように接しましょう。愛には、自分用と他人用の区別があるわけではありません。自分を認めたように、相手を認めましょう。

また、何か特別なことをしなければと思うこともありません。あるがままの自分を受け入れて見守ろうとしたように、あるがままの相手を受け入れて、あなたが最大の理解者になりましょう。どんなときも最大の理解者でい続けること、それが〝人を愛しそこなわない術〟です。

人生でかかわる人を愛しそこなわないで生きる。あなたが生涯を通してするべきことは、あとにも先にもそれしかありません。真実の愛があるところには、必ず幸せの花が開きます。何も心配しないで愛に生きましょう。

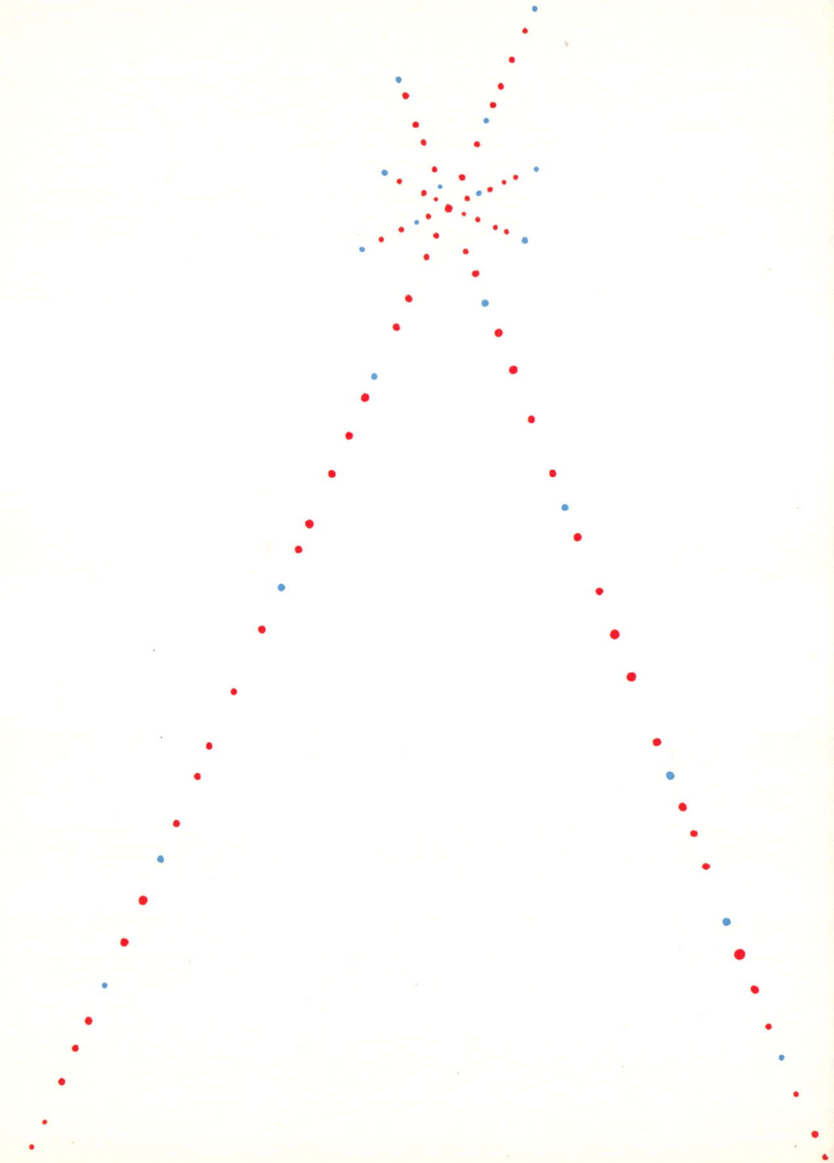

いっしょに泣くこと以外
なにもしてあげられない……

そう思ったときでも
たったひとつ
わたしにできることがある

それは、祈ること

悲しみにくれるその人が
一日も早く
逆境に立ち向かう力を出せるように

かげで一生懸命、祈ること

ひたすらな想い

東日本大震災が起きて、多くの人々が胸をえぐられるような悲しみを味わいました。あなたも悲しみの淵で、自分にできることは何だろう……と考えたのではないでしょうか。

そんな折、世界のいたるところで祈りが捧げられました。そうした報道を数多く目にして感じたのは、「祈りには力があることを、人間は本能的に知っているんだ」ということです。

天災でも、事故でも、病気でも、悲惨な出来事はたちまちその人を苦しみの渦中に放り込みます。それがあなたの愛する人であっても、残念ながら、あなたはその人の苦しみを肩代わりすることはできません。

なぜなら、そこにはその人と、その人を愛するあなたが、それぞれの立場で乗り越えなくてはならない試練があるからです。

とはいっても、目の前で愛する人が苦しんでいたら、何とかしてあげられないものかと胸が痛みますよね。

悲しみに暮れる人や苦しみにあえぐ人を、自分はどうすることもできない。でも、その人のために何かしたい……。そう思ったら、祈りませんか。

純粋な祈りは、癒しのエネルギーとなって時空を超え、きっと相手のもとに届くから。

祈りに効果があるかどうかを試す実験が、アメリカで行われたのをご存じですか。

ランドルフ・ビルド教授は、サンフランシスコ総合病院で393人の心臓病患者を対象に〝祈り〟の実験を行いました。

協力者に患者の名前と病状を知らせて、毎日その患者のために祈るよう依頼したのです。

10カ月後、祈られた患者は、祈られなかった患者より検査項目の全部の数値がよくなり、明らかに病状が改善しました。その成果は、祈る場所が病院に近い西海岸からでも、遠く離れた東海岸からでも変わらなかったそうです。

この実験によって、祈りにはおどろくべき治療効果があることが実証されました。

祈りは、祈られる人に幸いするだけではありません。私たちは純粋に祈ることで、自分自身が前向きになれるんですね。つまり、自分の前向きな気持ちを一心に表わすことが、祈りなのです。

それを勘違いすると、祈っているはずが〝おねだり〟に終始してしまいます。たとえば「あの人だけは助けてください」「私を裕福にしてください」という祈り方は、ずいぶん身勝手なように感じませんか？

祈りとは、私たちが心を開いて、人智を超えた存在と対話することだと思います。その偉大な存在から、試練を乗り越える知恵を授かるための行為なんです。

では、私たちはどんな祈り方をすればいいのでしょうか。

あなたがほかの人のことを祈る場合から考えてみましょう。

まず、あなたが「今ある試練を乗り越えることで、あの人は必ず成長する」と信じることがとても重要です。すると、ただ同情していた気持ちが、応援する気持ちに変わるから。

その上で、「あの人には、今ある試練を乗り越える力がある」と信じましょう。今はまだ四苦八苦していても、その人が秘めている潜在的な力を信じるのです。その信頼があれば、「あの人が試練を乗り越える力を一日も早く発揮できますように」という愛の祈りが生まれるでしょう。

病気の人に対しても、同じようにして祈ってください。あなたに祈られた人が、病を受け入れて強く生きようと決心すれば、その人は、そのときから、病という試練に打ち勝ったことになると思います。

次は、あなたが自分自身のことを祈る場合。

応援する気持ちは、ほかの人のことを祈るときと同じですが、そこにあなたの〝決意〟を加えます。

「私は今ある試練を必ず乗り越えます。一日も早く乗り越えられるように知恵を授けてください」という前向きな決意を表わし続ければ、きっと事態は好転しますよ。

あなたの決意は最強です。人智を超えた存在が、その決意を後押ししてくれるように祈りましょう。

私は毎晩、ベッドの中で祈りを捧げてから眠ります。たいていは感謝の祈りですが、苦しくてたまらないときは、泣きながら決意の祈りを捧げることもあります。すると、とんがっていた心も、つぶれそうになっていた心も、不思議と落ち着いてきます。

また、ほかの人のことを祈ると、目に見えない糸でつながっているような気がして、ほんのり心が温かくなることがあります。祈りは、私たちの心をひとつにする特効薬なのかもしれませんね。

あなたも、祈ることを特別なことのように考えず、もっと身近なものにしませんか？　自分が前向きに生きていくために、祈りを生活の一部にしましょう。

そして、あなたが自分以外の人の幸せのためにも祈りを捧げるようになったら、そのパワーは計り知れないと思います。

世界の悲しみをほんの少しでも軽くするために、今、あなたの祈りの力が必要なのです。

暗闇の中で

わたしたちはずっともがいてきた

でも、もうだいじょうぶ

じきに長い夜が明けるよ

待ちに待った意識の夜明けだよ

夜は

明ける前がいちばん暗い

今こそ、

力を合わせて心をひとつにしよう

さあ、みんなで

未知の世界に飛び出そう！

〝私〟から〝私たち〟へ

私たちは今、暗くて長いトンネルを抜けて、ついに〝集合意識の夜明け〟を迎えようとしています。

暗いトンネルの中は、自分だけ、お金だけ、という考えで奪い合う暗黒の世界でした。そこで長らく翻弄されてきましたが、その考えをやめようという人たちが増えて、何かが変わろうとしています。

集合意識とは、ひとりひとりの思いが反映されて生み出される、全体の意識のこと。もう少し詳しく説明しましょう。

私たちの意識は何層にも分かれています。ふだん感知できる顕在意識は、表層の数％に過ぎなくて、それはまさに氷山の一角。海中に沈んでいる大部分は無意識です。この無意識の中に、集合意識や潜在意識は隠れています。

ところが、氷山がザブーンと大波にあおられると、海中にあった氷山の一部がチラリと海面に姿を見せることがありますよね。それと同じように、心も大きな衝撃を受けると、無意識の中にあったものが表面に現われることがあるんです。これが〝意識の目覚め〟です。

もしかすると、あなたはすでに自分の意識が変わったことを察知して、サナギから蝶になるような気分で、未知の世界に飛び出したくてウズウズしているかもしれませんね。

私は折に触れ、「自分の想いが人生を作る」「自分の想いがそれに見合う現実を引き寄せる」ということをお伝えしてきました。

この自分を〝私たち〟に置き換えてみましょう。「私たちの想いが世界を作る」「私たちの想いがそれに見合う現実を引き寄せる」になります。その通りなんです。私たちの集合意識が、さまざまな社会現象を引き起こしているんです。

これは、家庭や学校といった小さな社会にも、地域や国といった大きな社会にも当てはまります。住民の想いが地域の環境を作り、国民の想いが国の環境を作るのです。

みんながほかの人のことを考えてやさしい想いを放てば、その力はプラスの方向に働いて、社会はどんどんよくなるでしょう。しかし、知らず知らず、マイナスの想いを放ち続ければ、とんでもない不幸な出来事を引き起こしかねません。

心に潜むマイナスの想いとは、〝恐怖〟〝攻撃〟〝排他〟といった感情です。それが集合意識に反映されると、目に見える形になって現われてきます。残念なことに、現代はそれがとても顕著なのではないでしょうか。

たとえば、子どもたちのイジメは、大人たちの「あの人さえいなければ」という他を排除しようとする集合意識が生み出したものかもしれません。また、紛争や戦争は、不都合なことは人のせいにして攻撃してしまえ、という集合意識の表われかもしれません。

このようにして、私たちが無意識に放っているものは、地上で起きるすべての現象と深くかかわっているんですね。いいにつけ、悪いにつけ、あなたもその一端を担っていることに思いをはせてみてください。

ひとりひとりの意識がもっとプラスに転じれば、今ある社会は確実によくなります。世の中の平和は、私たちの心の中が平和になれば、自動的に生み出されるから。逆にいうと、ひとりひとりが心の中に平和を築こうとしなければ、全体の平和も望めないんです。

「でも……私の意識なんて取るに足らないから」なんて思わないでくださいね。あなたの体は小さくても、あなたの想いは宇宙の果てまで届くんですよ。すべてはそこからはじまります。

もし、今生きている人たちの半数以上が、心の中に平和を築くことができたら……、だれの命も大切に考えて助け合うようになったら……、この世界から暴力や自殺者をもっと減らせるでしょう。

もしかして、あなたはこれまで「世の中はどうせこんなもの。

変わりっこない」とあきらめモードでいませんでしたか？　そろそろ、自分の無意識に隠れている願いに気づいてください。ふだんは自分のことで手一杯だとしても、意識の奥を探っていけば、こんな世の中にしたいという未来への希望や、それを叶えるために自分も貢献したいという気持ちが潜んでいるはず。

そんなあなたの内側からほとばしるエネルギーを、今こそ解き放ちましょう。

『奪い合えば足りぬ。与え合えば余る』という有名な言葉がありますが、それは物だけではありません。人の情けもそうなんです。やさしさを奪い合えば心はすさみ、嫉妬《しつと》や失望を生むでしょう。でも、やさしさを与え合えば心は満たされ、感謝の気持ちや奉仕の気持ちが自然に生まれるんですね。

あなたの心の中を、「私もやさしさがほしい」から「私がやさしさを与えたい」に変えませんか。やさしくされたいと思うことはかまわないから、それ以上の強い気持ちで「やさしさをあげる人になろう！」と思って行動するんです。そうすれば、少なくともひとり分は世の中がよくなります。

ひとつでも、ふたつでも、やさしい想いを放って、今あなたのいる場所から平和な世界を実現していきましょう。

あなたは
〝宇宙〟に愛されている

どんなことを思っていても
無条件に愛されている

これってすごいこと

そんな深い愛を、全身で感じよう！

すると

みんなつながっていることがわかって
心の底から安心するよ

あなたも、わたしも

大きな愛にいだかれて
〝人生〟という旅をしているんだよ

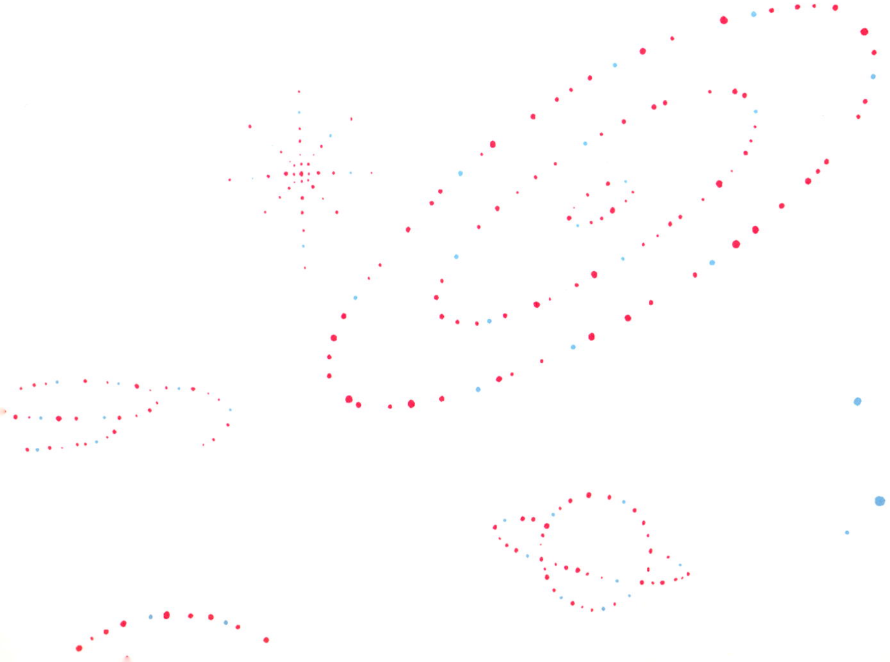

魂の意図

人はどこからきてどこへ還《かえ》っていくのでしょう……？　広大な宇宙の中で、いったい自分はどんな存在なのでしょう……？

そんなことを考えたことがありますか？　これは永遠の謎で、答えの出ない問いなのかもしれません。でも、自分なりに考えてみることはとても大切だと思います。

自分が死んだらどうなるかを考えることは、自分が今をどう生きるべきかを考えることだから。

最初に〝あなた〟は何者なのかを考えてみましょう。

今ある肉体が〝あなた〟ではありませんよね。肉体は元素のかたまりで、いずれは土に還る代物《しろもの》。見方を変えれば、肉体は、地球に生まれるためにあつらえた洋服のようなものかもしれません。

では、心が〝あなた〟でしょうか？　心は肉体に付随する感情のかたまり。たまに幻想も抱くし、エゴのすみかでもあります。確かに自分の一部ではあるけれど、自分そのものではないような気がしませんか。

となると、あなたの正体は何なのでしょう？

肉体や心は、あなたという人間の個性を作るためには欠かせないとしても、それがすべてではないようです。あなたには、肉体という服をまとい、心という供をしたがえた主がいます。それが魂です。

ふだんは魂の存在なんて気にかけないかもしれませんが、実は、それがあなたの本質なんです。

私がそう思うようになったのは、自分が魂であることを自覚する体験をしたからです。それは、両親を連れて山歩きをしたときのこと。父が急に心臓が痛いといい出してうずくまってしまい、私はそれこそ無我夢中で「私の寿命を父にあげます！」と祈りました。そうしたら、意識が体から抜け出して、あっというまに空に広がって溶けてしまったんですね。そのとき空中で「父は助かる」と確信しました。

嘘みたいと思うでしょう？　でも、そのときのことを何度思い返しても、私は空から山々を見下ろすように存在して、「これが魂の自分か……」とごく自然に受け止めていたんです。

もしかすると、私たちは人間として誕生するときに、魂の自分の記憶をあえて消したのかもしれません。そして、さまざまな人生経験を積み重ねて多くの気づきを得ると、意識が目覚めて自分が何者かを思い出すようになっているのではないでしょうか。私はそんな気がします。

昔から『人は死ぬと肉体は土に還り、魂は天に還る』といわれますが、天が魂の故郷ならば、そこで魂を迎えてくれるのはどんな存在なのでしょうか……？

神、仏、大いなるすべて、サムシング・グレート、宇宙……呼び方はどうであれ、人智を超えた存在に違いありません。魂はその分身、いわば子どものようなものなのかもしれませんね。

人智を超えた存在は、地球に行きたいといって飛び出した魂が、人間として味わう苦しみを経て無事に成長できるよう、見守っているのでしょう。

その存在を〝宇宙〟と呼ぶなら、宇宙には〝我〟がなく、愛しかありません。だから、あなたが何を考え、どんなことをしていても、宇宙があなたを罰することはけしてありませんよ。もう生きていたくないと投げやりになったときでさえ、深い愛で支えてくれているのです。

そんな宇宙とつながるために、我を置いて、魂の自分を感じてみませんか。我に凝り固まっていると、それが遮光カーテンのようになって、魂の光を遮ってしまいます。あなたが自分を見失うのはそんなとき。

でも、そんな苦しみの最中でも、カーテンのすき間からこぼれる光を見たことがあるはず。「そうだ、こうしよう！」とひらめいたり、「きっとなんとかなる！」と希望を感じたことがあるでしょう？　ひらめきと希望は、宇宙の叡智と愛なのです。

それ以外にも、わけがわからないけど喜びがこみあげたり、胸の奥で何かがはじけて思わず涙がこぼれたことがありませんか？
そのとき、あなたは宇宙とつながっていたんですよ。

心がつぶれそうな苦しみや、胸を引き裂かれるような悲しみは、それを乗り越えて本当の幸せを知るためにどうしても必要なもの。あなたが、その体験を通して愛に目覚めることができるように、宇宙が用意した贈り物なのです。

だから、もう人生に起きることをこわがらないで。苦しみや悲しみを果敢に受け止め、一歩でも前に進みましょう。そうすれば、すべては愛だと感じられる日が必ずやってくるから。

私たちひとりひとりははかない存在だけど、魂と一体になると、愛があふれてきます。その愛が接着剤になって、人間同士もまた〝ひとつ〟につながることができるのです。

そんなようすを想像してなんとなくワクワクしたら、あなたは今、魂の存在を感じはじめたのかもしれませんね。少しでも長く、魂と一体になって生きていきましょう。そうすれば、世俗的なことに振りまわされて一喜一憂しなくなるから。世間がいう大きなことではなく、魂が喜ぶような小さなことを大切に積み重ねて生きていきたいと思うようになりますよ。

あなたが、生まれてきてよかったと喜べる日が毎日のように増えていって、人生を埋め尽くすことを祈っています。

宇佐美百合子（うさみゆりこ）

1954年、愛知県生まれ。CBCアナウンサーを経て海外で起業。86年、読売新聞社主催「ヒューマンドキュメンタリー大賞」に『二つの心』入選。帰国後、心理カウンセラーとして活躍。ネットカウンセリングを開設する一方で、幸せに生きるためのメッセージを精力的に発信し、数々のベストセラーやロングセラーを生み出す。おもな著書に、『もう、背伸びなんてすることないよ』『ひとりで抱えこまないで』（ともに幻冬舎）、『がんばりすぎてしまう、あなたへ』『やさしくて、ちょっぴり不器用なあなたに。』（ともにサンクチュアリ出版）、『あなたはあなたのままでいい』（PHP研究所）、『読むだけで「折れない心」をつくる35のヒント』（三笠書房）などがある。

ホームページ　http://www.iii.ne.jp/usami

Book Design

櫻井浩＋三瓶可南子（⑥Design）

Illustration

あさみいこ

DTP

美創

幸せは、すぐそばにあるから

2012年4月25日　第1刷発行

著者　宇佐美百合子

発行者　見城 徹

発行所　株式会社 幻冬舎

〒151-0051 東京都渋谷区千駄ヶ谷4-9-7

電話　03-5411-6211(編集)

03-5411-6222(営業)

振替　00120-8-767643

印刷・製本所　株式会社光邦

検印廃止

Printed in Japan
ISBN978-4-344-02173-0 C0095
幻冬舎ホームページアドレス http://www.gentosha.co.jp/

この本に関するご意見・ご感想をメールでお寄せいただく場合は、
comment@gentosha.co.jp まで。